Rüdiger Pfeiffer (Hg.)   Gegen den Strich

Schriften zur Kulturgeschichte Mitteldeutschlands, Band 2

im Auftrag und in Verbindung mit

Internationale Andreas-Werckmeister-Gesellschaft
Denkmäler der Musik in Mitteldeutschland
Musikgeschichte Mitteldeutschland
Musikgeschichte Sachsen-Anhalt
Landesverband Sachsen-Anhalt
im Deutschen Tonkünstlerverband (DTKV)
Landesverband der Musikschaffenden Sachsen-Anhalt
Deutsche Gesellschaft für Musikwissenschaft
Gesellschaft für Mitteldeutsche Musikgeschichte

herausgegeben von Rüdiger Pfeiffer

Redaktionskollegium:
Stefan Andrusch, Prof. Dr. Guido Bimberg, Gesine Pump, Bärbel Pfeiffer

Layout:
VisuComp, Diemo Pfeiffer, Mirko Pfeiffer, Hubertus Bönig

Rüdiger Pfeiffer (Hg.)

Gegen den Strich

Das Jugend-Streichorchester Halberstadt.
Ein Jugend-Orchester in der DDR

Verlag für wissenschaftliche Literatur

Umschlagabbildung: Jugend-Streichorchester Halberstadt, 1969,
Photo-Studio Mahlke, Halberstadt

ISBN 978-3-7329-0151-7
ISSN 2364-141X

© Frank & Timme GmbH Verlag für wissenschaftliche Literatur
Berlin 2015. Alle Rechte vorbehalten.

Das Werk einschließlich aller Teile ist urheberrechtlich geschützt.
Jede Verwertung außerhalb der engen Grenzen des Urheberrechts-
gesetzes ist ohne Zustimmung des Verlags unzulässig und strafbar.
Das gilt insbesondere für Vervielfältigungen, Übersetzungen,
Mikroverfilmungen und die Einspeicherung und Verarbeitung in
elektronischen Systemen.

Herstellung durch Frank & Timme GmbH,
Wittelsbacherstraße 27a, 10707 Berlin.
Printed in Germany.
Gedruckt auf säurefreiem, alterungsbeständigem Papier.

www.frank-timme.de

Inhaltsverzeichnis

Vorwort	7
Andreas Henke Grußwort des Oberbürgermeisters von Halberstadt	15
Walter Hruby und Evi Meister Grußwort der Leiter der Schulband Altdorf b. Nürnberg	19
Rüdiger Pfeiffer Die Musik- und Theaterstadt Halberstadt	21
Rüdiger Pfeiffer 30 Jahre Jugend-Streichorchester Halberstadt	45
Rüdiger Pfeiffer Rolf-Reinhart Loose und »sein« Jugendstreichorchester	73
Festkonzert am 26. Februar 1972	76
Konzerte mit Karl-Heinz Dommus	79
Konzert im Apollosaal der Staatsoper Berlin Unter den Linden	83
Konzert am 31. März 1973	86
Festonzert zum 10jährigen Bestehen am 20. Februar 1977	88
Festkonzert am 19. Mai 1979	92
Festkonzert zum 15jährigen Bestehen am 27. Februar 1982	95
Festkonzert zum 20jährigen Bestehen am 11. Oktober 1985	96
Gabriele Auenmüller	107
Michael Auenmüller	110
Klemens Goethe	114
Bernd Moczko	119
Heidemarie Misgaiski	121
Anekdote	123
Peter Liehr	124
Stefan Andrusch	126
Adventsmusik 1977	129
Silvesterfeier 1978	132
Patricia Hehn	135
Sabine Porzelt	137
Rüdiger Pfeiffer	139

Dietrich Mund 141
Jugendweihe einmal anders 149
Organisationsgenie Rolf-Reinhart Loose 151
Cello-Unterricht mit Pfiff 156
Einzelprobe mit Skat am Bindfaden 157
Mozarts »Kleine Nachtmusik« im Schlafrock 158
Wie ruft der Kuckuck? 159
Herta Rennebaum
Ein fester Termin im Halberstädter Musikkalender 161
Ein prägendes Lehrstück 164
Hochzeitsständchen für Rolf-Reinhart und Christine Loose 166
Ein exklusiver Ausflug 169
Ferien • Impressionen I 170
Orchesterausflug in den Harz mit Überraschungsfinale 181
Exkursionen und Ausflüge 183
Ferien • Impressionen II 188
Rüdiger Pfeiffer
Ein unangepaßter Vollblutmusiker
Nachruf auf Rolf-Reinhart Loose, 4. Juni 1998 233
Mitglieder des Jugendstreichorchesters Halberstadt 234
Künstlerischer Leiter, Gastdirigenten, Instrumentallehrer 239
Solisten, Kooperationen 240
Betreuer, Unterstützer und Förderer 241
Musizierte Werke (Auswahl) 242
Anhang
Handschriftliche Chronik 1966–1971 245
Abbildungen
Hans Auenmüller, Sinfonie in D, Partitur Seite 1 279
Wolfgang Huth, Suite für Streicher, Vl. 2 und Vlc. 280
Foto- und Archivnachweis 282
Redaktionskollegium 283
Initiativgruppe Projekt Dokumentation
30 Jahre Jugend-Streichorchester Halberstadt 283
Publikationen zur Halberstädter Musikgeschichte (Auswahl) 284

Vorwort

Die Publikationsreihe »*Schriften zur Kulturgeschichte Mitteldeutschlands*«, stellt Ergebnisse von Forschungsprojekten, wissenschaftlichen Konferenzen und Tagungen vor, die sich mit den spezifischen Wandlungen in den Zeitläufen dieser historisch bedeutsamen Region befassen. Der Reihentitel impliziert leitmotivisch, dass sich die Veröffentlichungen gleichermaßen fachspezifischen wie interkulturellen und interdisziplinären Themen zuwenden.

Widmete sich der erste Band »*Bibliothekswandlungen Ost*« exemplarisch den historischen Veränderungen der Lese- und Bibliothekslandschaft im Zusammenhang mit der Entwicklung der Ratsbibliothek von 1525 zur modernen Stadtbibliothek Magdeburg, so führt der zweite Band zu einem besonderen Phänomen der DDR-Kultur: dem Jugend-Streichorchester Halberstadt in seiner speziellen Besonderheit als einen Teil der auch zu DDR-Zeiten möglichen Jugendkultur neben dem politischen Mainstream. Fünf Jahrzehnte liegt die Gründung des Jugend-Streichorchesters Halberstadt nunmehr zurück und in den drei Jahrzehnten seines Bestehens haben über 200 Schülerinnen und Schüler kostenfrei eine profunde Ausbildung auf einem Musikinstrument erhalten und freundschaftliche Gemeinschaft erfahren sowie erlebnisreiche Freizeit mitgestalten können.

Die vorliegende Publikation zur Genese und Geschichte des Jugend-Streichorchesters Halberstadt wirft einen facettenreichen Blick auf eine auch mögliche Form der Jugendkultur in der DDR. Sie ist damit zugleich eine historischwissenschaftliche Reflexion im Sinne der Aufforderung von Bundespräsident Joachim Gauck an die wissenschaftlich fundierte Wahrnehmung: »*... Dass wir diese öffentlichen Diskurse haben, wo im Gespräch miteinander und in der Wahrnehmung, die die Wissenschaft zu befördern hat, hier sind die Fakten Leute, hinschauen, aufwachen, nicht träumen von irgendwelchen schönen Sommern, die ihr im Ferienlager erlebt habt. Es war doch nicht alles schlecht, das kann man immer sagen, ja bei Pinochet war nicht alles schlecht, auch bei Hitler gab es Liebe und schöne Musik und schöne Sommer, also das kannst du immer sagen, und dann zu begreifen: Nein, wir haben verschiedene Möglichkeiten, wenn wir nur wollen, das Leben gerechter zu machen ...*«.[1]

---

1 Joachim Gauck, *Zur Diskussion: Der Umgang mit dem SED-Unrecht im vereinten Deutschland*, Deutschlandfunk, Autorin: Anne Raith, Sendung am 10.12.2014, 19.14 Uhr.

Natürlich wurde in der Gemeinschaft des Jugend-Streichorchesters Halberstadt schöne Musik gespielt und auch zu erlebnisreichen Aufenthalten sommers wie winters in Ferienlager gefahren. Und es war eben noch vieles mehr, auch und gerade bezogen auf die Gestaltung einer gerechteren Welt: Mit dem Jugend-Streichorchester Halberstadt wurden vielfältige Angebote zu gesellschaftlicher Teilhabe und sozialer Gerechtigkeit sowie zur Förderung der geistigen und emotionalen Entwicklung von Kindern und Jugendlichen unterbreitet und realisiert.

Die Gründung des Jugend-Streichorchesters Halberstadt 1965 fand in einer musik- und jugendpolitisch brisanten Zeit in der DDR statt. Das Angebot dieser jugendmusikalischen Freizeitbeschäftigung ermöglichte jedoch aufgrund der kulturell-künstlerischen Atmosphäre sowie der regionalpolitischen Konstellation und des verständigen Agierens herausragender Persönlichkeiten zum einen eine unbeschwerte zukunftsorientierte Kindheit und Jugend und zum anderen ein in gewisser Weise alternatives Jugendleben im real-existierenden Sozialismus, ein gewissermaßen non-konformistisches Anderssein neben der gesellschaftspolitisch verordneten Staatsdoktrin und der alltäglichen jugendlichen Massenkultur.

Klassische Musik, um diesen Begriff als Stereotyp aufzugreifen, hatte in den 1970er und 1980er Jahren im Wertesystem der musikalischen Vorlieben der Bevölkerung einen hohen Anteil von ca. 34 % und besaß insbesondere in der intellektuellen bildungsbürgerlichen Mittel- und Oberschicht,[2] aber ebenso auch bei Angestellten und Werktätigen ein hohes Ansehen. Mit dem *»Bitterfelder Weg«* war seit Ende der 1950er Jahre die programmatische Leitlinie der Kulturpolitik in der DDR trotz aller Brüche und ideologischen Wirrungen im Wesentlichen aufgezeigt, die *»Höhen der Kultur stürmen und von ihnen Besitz ergreifen«*, allen Menschen den Zugang zur Klassischen Kunst zu ermöglichen. Für die Musik kommt hinzu, dass über 99 % der Jugendlichen – bei aller Indifferenz der Stilrichtungen – eine ausgeprägte Musikaffinität besitzen, wobei Pubertät und Adoleszenz eine lebengeschichtlich prägende

---

2 Siehe: Helga de la Motte-Haber, *Handbuch der Musikpsychologie*, Laber-Verlag: Laaber 1985, S. 178. Dort wird Bezug genommen auf die Studie des Instituts für Demoskopie Allensbach von 1980. Die Ergebnisse dürften jedoch in diesem Punkt im Wesentlichen auch auf DDR-Verhältnisse übertragbar sein. DDR-bezogene demographische Studien und empirische Forschungen zu Musikpräferenzen, wie bspw. vom Zentralinstitut für Jugendforschung Leipzig oder an der Humboldt-Universität Berlin, fokussierten vorrangig das Konsumverhalten und die Rezeption von Rock- und Popmusik als neuartige und gesellschaftsrelevant angesehene Erscheinung in der Jugendkultur.

Entwicklungsphase darstellen. So prägen in der Jugend entwickelte Präferenzen musikalischer Vorlieben, vor allem durch eigene Aktivitäten und emotionales Berührtsein, nachhaltig das musisch-kulturelle Freizeitverhalten im Erwachsenenalter oder sogar den später eingeschlagenen Ausbildungs- und Berufsweg.

Ein weiterer wichtiger Begleiter auf dem Weg ins Leben ist unstreitbar die Begegnung mit den Pädagogen. Dem Einfluss der kommunizierenden Lehrerpersönlichkeit auf die Urteilsbildung und Verfestigung von positiven Werturteilen im kognitiven System eines Schülers kommt eine hohe Bedeutung zu. Im Fall des Jugend-Steichorchesters Halberstadt zeigt sich eine hohe kognitive Konsistenz im Sinne der Balance-Theorie zwischen dem vom Lehrer vermittelten Wissen und seinem gelebten Handeln im Zusammenhang mit der Meinungsbildung und Urteilsfindung sowie dem Verhalten der Schüler.[3]

Insbesondere Musik und Sport sind die Fächer, bei denen die Begabung als Potenzial eine außergewöhnlich große Rolle spielt. Doch Talent und Begabung allein reichen nicht aus, sondern es bedarf multifaktorieller Anregungen zu einer ganzheitlichen Persönlichkeitsentwicklung mit spezifischen Neigungen und Kompetenzprofilen. Eine künstlerisch fundierte Intelligenz zeichnet sich im Allgemeinen durch eine hohe Kreativität des Denkens, der Flexibilität im Umgang mit Problemlösungsstrategien und durch unkonventionell originelle Phantasiekonzepte aus, die durch multiple Intelligenzen, wie schnelle elementare und organistorisch strukturierte Wahrnehmungsleistungen, kognitive Abstraktionsfähigkeit, verbal-auditives Verständnis, neuronale Verarbeitungsgeschwindigkeit und gutes Arbeitsgedächtnis, konfiguriert sind.[4]

Dass aktives Musizieren, insbesondere der taktile motorische Umgang mit einem Musikinstrument und die mentale sowie emotionale Spezifik der Musikaneignung und interpretatorischen Umsetzung außerordentlich positive Auswirkungen auf die synaptischen Vernetzungen der Gehirnstruktur haben, darf als wissenschaftlich gesichert angesehen werden, auch wenn es für das

---

3 Ebenda, S. 204f.
4 Siehe: Wilfried Gruhn und Annemarie Seither-Preisler (Hg.), *Der musikalische Mensch. Evolution, Biologie und Pädagogik musikalischer Begabung*. Olms Verlag: Hildesheim 2014, S. 14ff.

tiefere Verständnis dieses außerordentlich komplexen Beziehungsgeflechts noch weiterer differenzierender interdisziplinärer Detailforschungen bedarf.

Darüber hinaus verfügt Musik und vor allem aktives Musizieren in der Gemeinschaft über ein hohes Sozialisierungs- und Einfühlungpotenzial, um mit dem Anteil des Einzelnen zum Gelingen des Gesamten beitragen zu können. Somit wird soziale Kompetenz erworben, kognitive und emotionale Intelligenz entwickelt, Persönlichkeit mit Schlüsselqualifikationen ausgebildet, wie Teamfähigkeit, Gewissenhaftigkeit, Konzentrationsvermögen und intrinsisch motivierter Leistungswille.[5]

Bundesinitiativen, wie »*Jedem Kind ein Instrument*«, und Förderungen durch den Deutschen Musikrat, wie »*Musikalische Bildung für alle*«, tragen dem heutigen kulturellen Bildungsanspruch Rechnung. Doch der besondere Dank gilt allen Lehrkräften und Pädagogen der Musikpraxis, die sich wie bspw. Walter Hruby und seine Kollegen an der Mittelschule von Altdorf bei Nürnberg mit einer hervorragenden Schulband und mit dem Schulchor, engagieren, Schülern mit Musik das Leben zu bereichern und ihre Persönlichkeit zu entwickeln helfen – ihnen ist die Schrift gewidmet.

Rüdiger Pfeiffer

---

5 Siehe: Hans-Günther Bastian, *Kinder optimal fördern – Intelligenz, Sozialverhalten und gute Schulleistungen durch Musikerziehung.* Atlantis/Schott: Frankfurt a.M. 2001, Serie Musik Bd. SEM 8381, S. 18, 33ff., 47ff.

Die Musik aber ist der wichtigste Teil der Erziehung: Rhythmen und Töne dringen am tiefsten in die Seele und erschüttern sie am gewaltigsten.
Platon

Pflege der Musik, das ist die Ausbildung der inneren Harmonie.
Konfuzius

Schon ein ganz kleines Lied kann viel Dunkel erhellen.
Franz von Assisi

Musik ist die schönste und zugleich die einzige Sprache, die überall auf dieser Welt verstanden wird.
Johann Wolfgang von Goethe

Keine Kunst wirkt auf den Menschen so unmittelbar, so tief, wie die Musik – eben weil keine uns das wahre Wesen der Welt so tief und unmittelbar erkennen läßt.
Arthur Schopenhauer

Die Musik schließt dem Menschen ein unbekanntes Reich auf, eine Welt, die nichts gemein hat mit der äußeren Sinnenwelt, die ihn umgibt und in der er alle Gefühle zurückläßt, um sich einer unaussprechlichen Sehnsucht hinzugeben.
E. T. A. Hoffmann

Ohne Musik wäre das Leben ein Irrtum.
Friedrich Nietzsche

Das Hören auf andere Stimmen, Gegenstimmen und Dissonanzen – die Regeln der Musik spiegeln das Leben selbst. Die Kunst ändert nicht das Böse in der Welt, und doch kann sie individuell unendlich viel.
Yehudi Menhuin, Violinist

Das Beste in der Musik steht nicht in den Noten.
Gustav Mahler

Was die Musik bewirken kann, ist die Menschen davon weg zu bringen, dass sie nur noch an Geld, Erfolg und Macht denken.
Kurt Masur, Dirigent, Gewandhauskapellmeister zu Leipzig a.D.

Musik ist die gemeinsame Sprache der Menschheit.
Henry Wadsworth Longfellow, amerikanischer Lyriker und Dramatiker

In den Instrumentenkasten der Politik gehören eher Jugendorchester als Panzerfabriken
Albrecht Dümling, Musikwissenschaftler,
Misstrauen gegen alles Militärische, in Neue Musikzeitung (NMZ), Nr. 7-8/2014, 63. Jg., Titelseite.

Wer Musikschulen schließt, gefährdet die Innere Sicherheit.
Von einer Musikschule kommen gewöhnlich keine Kriminellen.
Musikerziehung – ein Kernelement der Persönlichkeitsbildung

Wir brauchen eine ästhetische Erziehung und dazu gehört sehr wesentlich auch die musikalische Bildung. Wer musiziert, fördert den Sinn für Rhythmus und Melodie und das Gespür auch für den anderen. Wer musiziert, lernt, gegenseitig Rücksicht zu nehmen. Und wir müssen den Kindern auf diese Weise die Möglichkeit verschaffen, selbst Gehör und Resonanz zu finden ...
Musikerziehung hat einen wesentlichen Anteil an der Ausbildung eines ausgeglichenen, kreativen, intelligenten und zu Sozialverhalten fähigen Menschen.

Intelligenter Musikunterricht kann helfen, dem Anpassungsdruck an gewaltbereite Gruppierungen zu entgehen, da musizierende Kinder die eigenen Talente entdecken und ihren individuellen Wert im gemeinsamen schöpferischen Prozess wahrnehmen.
Otto Schily, Bundesminister des Innern 1998–2005
Aus der Rede auf dem Bundeskongress der Musikschulen 2001, zit. nach: Neue Musikzeitung (NMZ), Nr. 6/2001, 50. Jg., Online-Ausgabe.

Grußwort des Oberbürgermeisters von Halberstadt

Andreas Henke

Liebe Leserinnen, liebe Leser,
sehr verehrte Freunde der Musik,

Halberstadt ist schon immer eine Musikstadt gewesen. Unsere schöne Stadt ist durch eine lange Musiktradition geprägt, deren Anfänge bis in die Zeit der Bistumsgründung im Jahr 804 zurückreichen, sich jedoch auf das Jahr 1361 mit der Fertigstellung der großen, erstmals in der Weltgeschichte mit chromatischer Tastenanordnung gebauten Blockwerkorgel von Nikolaus Faber im Halberstädter Dom datieren lässt.

Namen wie Michael Praetorius und Andreas Werckmeister prägen die Musikgeschichte Halberstadts. Nicht nur in der Aufführung ihrer Werke, sondern auch in dem Namen des Michael-Praetorius-Chores oder in der Vergabe des Andreas-Werckmeister-Preises zollen die Halberstädter diesen historischen Persönlichkeiten ihren Respekt und ihre Anerkennung.

Die mehr als 200jährige Theatergeschichte schrieb unvergessliche Kapitel und lässt auch für die Zukunft noch viele kulturelle Höhepunkte erwarten. Erwähnt seien darüber hinaus Projekte des Nordhäuser Städtebundtheaters in Halberstadt wie die Orchesterwerkstatt junger Komponisten oder die Dirigentenwerkstatt im Rahmen der Förderung Neuer Musik in Sachsen-Anhalt.

Rückbesinnung und Zukunft vereint das international renommierte John-Cage-Orgel-Kunst-Projekt, das mittlerweile bereits mehr als elf Jahre in der Halberstädter Burchardikirche zu hören und zu erleben ist und Musikexperten wie Freunde der zeitgenössischen Musik und Journalisten aus der ganzen Welt nach Halberstadt führt.

In diesen großen Rahmen der kulturellen Ausstrahlung Halberstadts reiht sich das Engagement musikalischen Wirkens der Bürgerinnen und Bürger sowie der Freunde Halberstadts ein. Die Kammermusikreihe »*Stunde der Musik*« ist hier ebenso zu nennen wie die Veranstaltungsreihe »*Musik am Nachmittag*«, die Konzerte des Jugendblasorchesters, des Jugendstreichorchesters, der Chöre und der Musikschule »*Andreas Werckmeister*«.

Dabei war und ist die musikalische Ausbildung junger Menschen ein bedeutender Grundpfeiler, der sich in diese Musiktradition einreiht. Der Beitrag der Musikpädagogik zur Persönlichkeitsbildung kann nicht hoch genug eingeschätzt werden. Daher ist es überaus wichtig, möglichst vielen jungen Menschen den Zugang zum aktiven Musizieren zu eröffnen. Mit dem Ziel der Persönlichkeitsförderung verbindet sich zugleich auch das wichtige Anliegen der Weitergabe eines einzigartigen Kulturerbes: der Musik.

Die vorliegende Publikation widmet sich dem Jugendstreichorchester Halberstadt, das es heute leider so nicht mehr gibt, das aber viele junge musikbegeisterte Menschen vereinte und prägte. Viele alteingesessene Halberstädter werden sich sicherlich noch an die begeisternden Musikerlebnisse mit dem Jugendstreichorchester Halberstadt unter der Leitung von Rolf Reinhart Loose erinnern.

Im Jahr 1965 an der ehemaligen Marx-Engels-Schule gegründet und später an der Käthe-Kollwitz-Schule beheimatet, sollte neben dem Jugendblasorchester von Hans Hasselmann ein Streichorchester der Schüler und Schülerinnen aufgebaut werden.

Der Dirigentenstab wurde in die Hände des begnadeten Dirigenten und Organisators Rolf Reinhart Loose gelegt. Über 200 junge Musikanten haben bei den Musikern des Halberstädter Theaterorchesters eine profunde Instrumental-Ausbildung auf Geige, Bratsche, Violoncello und Kontrabass sowie Schlagzeug und Holzblasinstrumenten erhalten.

MD Hans Auenmüller und Kapellmeister Wolfgang Huth komponierten und arrangierten Musikstücke für das Orchester. Legendär sind heute noch die großen Jahreskonzerte in der Aula des Käthe-Kollwitz-Gymnasiums, bei denen die Kinder und Jugendlichen ihr Können mit Sinfonien und Konzertstücken sowie Walzer- und Musical-Melodien klangvoll unter Beweis stellten. Das Jugendstreichorchester Halberstadt war eine landesweite Besonderheit, an deren Gelingen viele mitgewirkt haben.

Eine Arbeitsgruppe ehemaliger Mitglieder des Jugendstreichorchesters Halberstadt – allen voran Musikwissenschaftler und Violoncellist Rüdiger Pfeiffer, der Arzt und Violoncellist Stefan Andrusch, die Notarin und Violaspielerin Gesine Pump, die Zahnärztin und Geigerin Ines Herrmanns sowie die Lehrerin und Geigerin Marianne Lemke, die Archivarin und Geigerin Petra Filusch sowie Patricia Hehn – haben nun diese Broschüre mit Akribie zusammengestellt und herausgebracht: Nicht nur ein Erinnerungsbuch an die Jugendzeit, sondern zugleich auch ein Zeugnis der Möglichkeiten, die es unter den Bedingungen, wie sie in Halberstadt geschaffen wurden, zu DDR-Zeiten auch gegeben hat und an denen viele Persönlichkeiten in unterschiedlichen Positionen mitgewirkt haben, wovon das Kulturleben unserer Stadt bis heute und gewiß auch weiterhin anregende Impulse erfährt.

Mein besonderer Dank gilt den Initiatoren, Autoren und allen, die zum Gelingen dieser Publikation beigetragen haben.

Andreas Henke
Oberbürgermeister
Stadt Halberstadt

Konzert der Schulband der Mittelschule Altdorf b. Nürnberg
in der Partnergemeinde Colbitz
Leitung: Walter Hruby

Grußwort der künstlerischen Leiter der Schulband Altdorf b. Nürnberg

Walter Hruby und Evi Meister

»Die Schulband ist wie eine zweite Familie für mich«, sagt Carolin, 14 Jahre alt, und spricht damit ihre Mitwirkung in der Arbeitsgemeinschaft (AG) Schulband an der Mittelschule (früher Hauptschule) Altdorf b. Nürnberg an.

Freiwillig, aber wöchentlich regelmäßig, treffen sich rund 30 Schüler und Schülerinnen (etwa 10% der gesamten Schülerschar der Schule) nachmittags, um für zwanzig bis dreißig Auftritte pro Schuljahr zu trainieren – Auftritte, die weitgehend in der Freizeit der Schüler stattfinden, nachmittags, abends, am Wochenende.

Die Schüler geben Kraft und Zeit in eine der schönsten Beschäftigungen, nämlich in das gemeinsame Musizieren. Und was erhalten sie dafür? Erlebnisse auf der Bühne, Konzertfahrten, Selbstbestätigung, Persönlichkeitsprofil, Anregungen zur eigenen musikalischen Tätigkeit.

Und sie leisten: Verantwortungsbewusstsein für sich selbst und für andere, Team Working, Leistungsbereitschaft, Konzentrationsfähigkeit – und das in der Schule, ohne Notendruck, mit viel Spaß-Potential und Abenteuer.

Dieses Langzeitprojekt läuft seit 1986 ohne Unterbrechung.

Mit Kindern und Jugendlichen Musik zu machen bedeutet Engagement, Kraft und Ausdauer. Wenn man aber bei einem Konzertabend die leuchtenden Augen der jungen Musiker sieht, weiß man, wofür man das alles auf sich nimmt.

Deshalb von uns und von hier aus Respekt und größte Hochachtung, was in Halberstadt mit dem Jugend-Streichorchester geleistet worden ist.

Walter Hruby und Evi Meister
Leiter der Schulband der MS Altdorf

Die Musik- und Theaterstadt Halberstadt

Rüdiger Pfeiffer

»*Halberstadt, so wenig es an Umfang und Einwohnerzahl unter den Städten Deutschlands hervorragt, so bedeutend zeichnet es sich, was Sinn und Liebe für die Künste anbetrifft, vor den meisten aus.*«[1]

Diese prägnanten Worte einer Lobeshymne auf das »*Tor zum Harz*« stammen aus der Feder von Prof. Dr. Franz Kugler (1808–1858) und somit von einer Persönlichkeit, deren Urteil in Preußen viel galt. Als erster berufener Kunstreferent in dem nach den Napoleonischen Befreiungskriegen neu geschaffenen preußischen Kultusministerium war er einer der bedeutendsten Kulturpolitker des 19. Jahrhunderts. Er gehörte zu den Begründern der Kunstgeschichte als wissenschaftliche Disziplin und war einer der Väter der Denkmalpflege in Preußen. Auch als Dichter trat Kugler hervor – bekannt sind heute noch seine Verse »*An der Saale hellem Strande*«, gesungen in der Vertonung durch den Magdeburger Komponisten Ernst Fesca (1789–1826), und seine von dem Maler Adolph Menzel (1815–1905) illustrierte »*Geschichte Friedrich des Großen*« von 1840.

Als Franz Kugler 1834 seine Halberstadt würdigenden Zeilen veröffentlichte, war nach dem 3. Musikfest an der Elbe 1828 und dem 5. Elbmusikfest 1830 vor allem das 6. Elbmusikfest vom 19. bis 21. Juni 1833 nicht nur in Halberstadt noch in bester Erinnerung. Bedeutende Komponisten und Dirigenten, ein exzellentes Orchester und engagierte Chorvereinigungen sowie hochkarätige Instrumental- und Vokalsolisten hatten Halberstadt in ein Mekka der Musik verwandelt. Der Begründer der deutschen Musikfeste, Georg Friedrich Bischoff (1780–1841), kam aus (Bad) Frankenhausen. Desweiteren waren der Herzoglich-Anhaltisch-Dessauische Hofkapellmeister und berühmte Komponist Friedrich Schneider (1786–1853) als Dirigent und der Kasseler Hofkapellmeister, Komponist und bedeutende deutsche Violinvirtuose Luigi Spohr (1784–1859) als Dirigent und Konzertsolist gewonnen worden. Aus Leipzig reiste Gewandhaus-Kapellmeister August Pohlenz (1790–1847) an.

---

[1] Franz Kugler, *Kunstbemerkungen auf einer Reise durch Deutschland im Sommer 1832*, in: Museum, Blätter für Bildende Kunst, 2. Jg., 1834, S. 134. Halberstadt zählte 1830 etwa 17.000 Einwohner, deren Zahl sich bis Ende des Jahrhunderts explosionsartig erhöhte.

Es war ein Treffen »*der gebildeten Stände*«, der aufstrebenden und nach Selbstverwirklichung suchenden bürgerlichen Elite mit Profi-Musikern und -Sängern. Über 300 Sänger von Chorvereinen aus Halberstadt und benachbarten Städten wie Wernigerode, Quedlinburg, Aschersleben, Braunschweig und Magdeburg standen auf der Chortreppe, die im Halberstädter Dom bis unter die Orgelempore reichte.

Bereits 1828 hatte der Monumentalchor frei gesinnter Bürger gemeinsam mit einem etwa 100 Musiker starken Orchester[2] die Oratorien »*Die letzten Dinge*« von Louis Spohr – der Komponist hatte selbst dirigiert – und »*Christus am Ölberg*« von Ludwig van Beethoven mit dem Dirigenten Friedrich Schneider zur Aufführung gebracht.

An den Orchesterpulten saßen Musiker aus verschiedenen Orten und unterschiedlichster Berufe im bürgerlichen Leben neben Profi-Musikern und Militärmusikern der Marschkapelle des Königlich-Preußischen Kürassier-Regiments der Halberstädter Garnison, aus der sich Ende des 19. Jahrhunderts das Halberstädter Theaterorchester bilden sollte.

Zur Eröffnung des 6. Elbmusikfestes 1833 dirigierte Louis Spohr im Halberstädter Dom Händels Oratorium »*Der Messias*« und am zweiten Festtag fanden gleichzeitig zwei Konzerte statt: Friedrich Schneider dirigierte im Schauspielhaus und Gewandhaus-Kapellmeister August Pohlenz im Concertsaal, wo auch »*ein neues Violin-Concert von L. Spohr (H moll) die grösste Sensation*« war.[3]

Den großen Chorwerken folgten Sinfonien und Konzerte sowie Kammermusik und Gesang. Insbesondere der letzte Festtag war dem Männerchorgesang vorbehalten. Besonders gelobt worden war in der Presse bereits 1828 der »*trefflich eingeübte, starke Chor des Domgymnasiums zu Halberstadt, unter dem verdienstvollen Musikdirector Geiß*«.[4] Für die abendliche Geselligkeit war auf dem Domplatz ein riesiges Zelt für über tausend Gäste aufgestellt; – unablässig ertönten Chorgesänge, wurden Festreden gehalten, Trinksprüche und Lobeshymnen ausgetauscht und die Gläser erhoben.

---

2 Vgl.: *Zeitung für die elegante Welt*, hrsg. von Karl Ludwig Methusalem Müller, 28. Jg., 1828, Leipzig, Verlag von Leopold Voß, Sp. 1184.
3 *Allgemeine Musikalische Zeitung*, Bd. 35, Nr. 30, Juli 1833, Leipzig: Breikopf und Härtel, Sp. 497.
4 Ebenda, Sp. 1111.

Die Halberstädter Bürger öffneten ihre Häuser und empfingen auswärtige Besucher in ihren Salons und zeigten die Schätze ihrer privaten Bibliotheken und Kabinette mit beachtlichen Sammlungen verschiedener Raritäten. Domvicar und Verleger Wilhelm Körte (1767–1846) lud in den Freundschaftstempel seines Großonkels Johann Wilhelm Ludwig Gleim (1719–1803) ein, Oberdomprediger Christian Friedrich Bernhard Augustin (1771–1856), der sich auch maßgeblich für die Musikfeste engagierte, gab Einblicke in seine vom Sammeleifer getragenen bedeutenden Sammlungen und richtete im Dom eine Ausstellung archäologischer Funde aus der Harz-Region ein.

Die Allgemeine musikalische Zeitung rezensierte überschwänglich: »*Die Veranstaltungen waren musterhaft vom Grössten bis zum Kleinsten; für jede Art von Ordnung und Bequemlichkeit war auf das Beste gesorgt und die Gastfreundlichkeit der Halberstädter zeigte sich so ausserordentlich, dass alle Theilnehmer in einstimmiges Lob ausbrachen*«.[5]

Noch im selben Jahr erschien ein »*Gedenkbüchlein, allen Theilnehmern am Feste zur freundlichen Erinnerung gewidmet und zum Besten der Halberstädter Musik-Schule*«. So ist vom Bestehen einer Musikschule zu erfahren, die der *Halberstädter Musikverein* 1831 im Zusammenhang mit der kontinuierlichen Durchführung der Elbmusikfeste als erste höhere Musiklehranstalt für Gesang und Orchesterinstrumente in Norddeutschland eingerichtet hatte. »*Durch Vermittlung der Herren Kapellmeister Louis Spohr in Kassel und Frdr. Schneider in Dessau hat der Verein sehr tüchtige junge Lehrer gewonnen. Beide Meister verwenden sich fortwährend für die treffliche Anstalt und stehen dem Ganzen sehr bereitwillig mit ihrem Rathe fördernd zur Seite*«. Die Begründung für die Eröffnung der Musikschule liest sich fast wie aus heutiger Zeit: »*Überall ist die Zahl urtheilsfähiger Musikfreunde nur gering gegen die Zahl derer, welche lebhaften Antheil an den Freuden der Kunst nehmen. Auf der anderen Seite werden die künftigen Künstler durch die gewöhnliche Jugendbildung nicht immer genügend auf ihren Beruf vorbereitet. Auf unsern Universitäten gibt es geschickte Lehrer für alle Fächer, nur, mit wenigen Ausnahmen, keine Professoren der Musik*«.[6]

Seit Jahrhunderten hatte sich in der Stadt Halberstadt neben dem Dom als Bischofssitz, den repräsentativen Hofhaltungen des Bischofs und der Dom-

---

5 Ebenda, Sp. 496.
6 G. W. Fink, *Ueber die Musikschule zu Halberstadt*, in: Ebenda, Bd. 36, Nr. 6, 3. September 1834, Sp. 592.

herren ein reiches musikalisches Leben etablieren können, das mit viel Engagement vom Stadtbürgertum getragen wurde. Auf dieser tausendjährigen Geschichte basierend und insbesondere im 19. Jahrhundert von der emanzipierten gesellschaftlichen und politischen Bewegung des Bildungsbürgertums getragen, reicht die Tradition der Geistes-, Kunst- und Musikkultur in Halberstadt bis ins Heute.

Die 1785 von dem Dichtervater Johann Wilhelm Ludwig Gleim und dem Domherrn Ernst Ludwig Christoph von Spiegel, Freiherr zum Desenberg, (1711–1785) und etwa vierzig engagierten Bürgern wie dem Rektor Gottlob Nathanael Fischer (1748–1800) vom Domgymnasium, dem Domprediger Werner Streithorst (1746–1800) und dem Domorganisten Johann Christian Samuel Müller (um 1755–1813) ins Leben gerufene *Literarische Gesellschaft* hatte auch die öffentlichen Abonnementkonzerte in Halberstadt etabliert. Im Jahr 1805 wurde die *Harmonie-Gesellschaft* gegründet und 1812 wurde ein ehemaliges Kirchengebäude als festes Theater eingerichtet, dass von wandernden Theatergruppen bespielt wurde. Bereits zwei Jahre nach der Berliner Uraufführung 1821 konnten sich die Halberstädter an den Melodien des »*Freischütz*« von Carl Maria von Weber – Inbegriff der romantischen Oper – erfreuen und ebenso wie die Berliner als Gassenhauer in allen Lebenslagen nachsingen und pfeifen (Heinrich Heine).

Der 1805 gegründeten *Harmonie-Gesellschaft* folgten 1829 die *Halberstädter Liedertafel* und 1856 der *Halberstädter Gesangverein*. Später kamen noch die *Neue Halberstädter Liedertafel* und der *Neue Halberstädter Gesangverein* sowie der *Oratorienverein* hinzu, so dass der Gedanke der großen Musikfeste bis weit in die zweite Hälfte des 19. Jahrhunderts weitergetragen wurde. Gemeinsam mit den Oratorienvereinen von Aschersleben und Quedlinburg wurde 1869 Haydns Oratorium »*Die Schöpfung*« zur Aufführung gebracht.[7] Neben den Kirchen- und Schulchören hatte fast jeder Berufsstand seinen eigenen Chor gegründet – die Halberstädter waren äußerst sangesfreudig. Doch auch die Instrumentalmusik wurde intensiv gepflegt und neben Gesang auch an der Musikschule des Halberstädter Musikvereins unterrichtet.

Im Zeitalter des Biedermeier und der Romantik, das ganze 19. Jahrhundert hindurch gehörte es zum guten Ton, dass in jedem bürgerlichen Haushalt ein Klavier stand, Hausmusik gepflegt wurde und die Tochter der Familie Kla-

---

7 Joachim Jahn, *Musik im Alltag des 18. Jahrhunderts. Die musikalische Gesellschaft in Quedlinburg*, in: Alltagswelten im 18. Jahrhundert. Lebendige Überlieferung in Museen und Archiven in Sachsen-Anhalt, hrsg. von Simone Bliemeister, Halle (Saale) 2010, S. 268–277.

vierstunden erhielt. Auch in Halberstadt entstand nach Pariser und Berliner Vorbild eine rege Salonkultur. Vornehmlich von Damen geführt, wurden neueste literarische Werke, poetische Dichtungen und Flugschriften, Malereien und Musik sowie gelegentlich kleine Theaterspiele vorgestellt, aber auch aktuelle gesellschaftliche und politische Ereignisse diskutiert.

Sehr umfänglich ist die Liste der Konzerte und der hochkarätigen Virtuosen, Musikerinnen und Musiker, Sängerinnen- und Sänger, Theatergruppen, Ensembles und Orchester, die seit dem ausgehenden 18. Jahrhundert bis heute ihre musikalische Visitenkarte abgaben und das Halberstädter Publikum oftmals in Begeisterungsstürme versetzten. Aus der Vielzahl der konzertierenden Virtuosen und Ensembles, die nach Halberstadt kamen, können hier lediglich einige besonders herausragende Persönlichkeiten genannt werden: Der Physiker und Musiker Friedrich Chladni überraschte mit seinen bahnbrechenden physikalisch-akustischen Experimenten (Chladnische Klangfiguren), der Teufelsgeiger Niccolo Paganini und der Klaviervirtuose Franz Liszt versetzten insbesondere die Halberstädter Damenwelt in Ekstase. Der Wagner-Dirigent Hans von Bülow gastierte mit der Meininger Hofkapelle und Max Bruch dirigierte den Oratorienverein. Das Wiener Hofball-Orchester ließ unter Leitung von Eduard Strauß die Halberstädter Herzen im Dreivierteltakt schwingen.

Die Reihe der berühmten Künstler reicht bis ins Heute. Auch zu DDR-Zeiten gelang es Persönlichkeiten wie Musikdirektor Hans Auenmüller und dem Musiklehrer und Leiter der Konzertreihe *»Stunde der Musik«* Hans Ulrich Sauer mit dem Musikenthusiasmus des Halberstädter Publikums bei der Konzert- und Gastspieldirektion und bei der Künstleragentur der DDR in Berlin, hochkarätige Künstler für die Sinfoniekonzerte des Halberstädter Volkstheaters und für die Stunde der Musik im Festsaal der Dompropstei und nach dem Wiederaufbau des Stadtzentrums im Rathaussaal zugestanden zu bekommen, wobei persönliche Kontakte mit den Künstlern stets von großem Vorteil waren. Viele Künstler fühlten sich aufgrund der ebenso liebevollen wie begeisterten Aufnahme heimisch und hegten selbst den Wunsch, wieder in Halberstadt musizieren zu können. Der Konzertflügel im Halberstädter Rathaus war eigens von der renommierten Klavierpädagogin Herta Rennebaum gestiftet worden.[8] Und so kamen bspw. der legendäre Pianist

---

8 In diesem Zusammenhang sei eine etwas pikante Begebenheit erzählt: An der Stirnseite des Festsaals in der Dompropstei prangte, wie seinerzeit üblich, höchst sichtbar das Konterfei des Staatsratsvorsitzenden der DDR (bis 1973 Walter Ulbricht, dann Willi Stoph und von

Swjatoslaw Richter, das Suske-Quartett, das Leipziger Gewandhaus-Quartett, der Startrompeter Ludwig Güttler und sein französischer Kollege Maurice André, der Flötist Karl-Heinz Passin, der Oboist Burkhardt Glaetzner, der Klaviersolist Siegfried Stöckigt, Gewandhaus-Pianist Peter Rösel, die Wiener Cembalistin Isolde Ahlgrimm und und und ...

1361 – 2000 – 2639 sind die markanten Jahreszahlen auf dem Klangstrahl, der Vergangenheit und Gegenwart und Zukunft über ein permanentes Klangband miteinenander verbindet. Das mit Beginn des 21. Jahrhunderts einsetzende spektakuläre kunstphilosophische Klangkunstwerk »ORGAN²/ASLP – As Slow As Possible« des John-Cage-Kunst-Projekts in der Burchardiklosterkirche, dem vermutlich ältest erhaltenen Steinbau in Halberstadt, weist klangvoll auf Halberstadt als bedeutende Orgelstadt hin, die reich an herausragenden Orgelinstrumenten war und ist, auf namhafte Orgelbauer und Musiktheoretiker, die erheblichen Einfluss auf das musikalische Denken und die Musizierpraxis der heutigen Moderne haben.[9]

Halberstadt kann zu Recht als Geburtsstadt der modernen universalen harmonischen Stimmungssysteme und ihrer praktischen Umsetzung gelten, die das heutige Musizieren, insbesondere auf den Tasteninstrumenten, erst möglich gemacht haben. Mit der seinerzeit wohl größten Orgel auf der Welt aus der Werkstatt des Priesters Nicolaus Faber erklang am 20. September des Jahres 1361 im Halberstädter Dom erstmals in der Musikgeschichte ein Tasteninstrument mit chromatischer Tonfolge in der Klaviatur (Unter- und Obertasten).[10]

Der Komponist und Musiktheoretiker Michael Praetorius (1571 – 1621) – bekannt ist seine Vertonung des Weihnachtsliedes »Es ist ein Ros' entsprun-

---

1976 bis 1989 Erich Honecker) und eine Fahnenwand. Um den ästhetischen Eindruck des Konzertes in diesem ansonsten sehr ansprechenden Saal jedoch nicht zu stören und den Genuß gänzlich auf Musik und Interpret zu konzentrieren, wurde kurz vor dem Konzert das Bild abgenommen und der Fahnenständer ins Hinterzimmer verfrachtet und nach dem Schlußapplaus alles wieder zurückgebracht als wäre nichts geschehen.

9 Rüdiger Pfeiffer, *Halberstadt, John-Cage-Orgelprojekt ORGAN²/ASLSP oder: Wie langsam ist »so langsam wie möglich«?*, in: Enzyklopädie der Kirchenmusik, hrsg. von Matthias Schneider, Wolfgang Bretschneider und Günther Massenkeil (=251. Veröffentlichung der Gesellschaft der Orgelfreunde), Bd. 2: Zentren der Kirchenmusik, Laaber-Verlag: Laaber 2011, S. 388–395.

10 Rüdiger Pfeiffer, *Halberstadt und die Musik des Mittelalters*, in: Geschichte und Kultur des Bistums Halberstadt 804 – 1648. Symposium anläßlich 1200 Jahre Bistumsgründung Halberstadt 24. bis 28. März 2004. Protokollband, hrsg. von Adolf Siebrecht, Halberstädter Druckhaus: Halberstadt 2006, S. 397.

gen« – war als Hofkapellmeister im Dienste des Herzogs Heinrich Julius von Braunschweig-Lüneburg (1564–1613) auch Musikdirektor am Dom zu Halberstadt. In seiner Enzyklopädie der Musik *»Syntagma musicum«* (1614–1619) beschreibt er auch die Faber-Orgel von 1361, die zu seiner Zeit zwar nicht mehr spielbar, aber im Halberstädter Dom noch vorhanden war.

Aus Quedlinburg wechselte der für die weitere Entwicklung des musikalisch-harmonischen Stimmungssystems[11] bedeutsame Andreas Werckmeister (1645–1706) als Organist an die Stadtkirche St. Martini der Bürgerstadt Halberstadt. Der dem Kreis der Harzer Gelehrten zugehörige Quedlinburger Stiftsorganist und Musiktheoretiker Andreas Werckmeister flüchtete vor der Pietistenverfolgung in Quedlinburg in das liberalere Halberstadt. Diese bislang schmerzliche Lücke in der Werckmeister-Biographie konnte der Musikwissenschaftler Rüdiger Pfeiffer jüngst in einer wissenschaftlichen Publikation der Internationalen Andreas-Werckmeister-Gesellschaft mit erklärenden Fakten ausfüllen.[12]

Andreas Werckmeisters Bedeutung für die heutige Musikpraxis besteht u.a. darin, dass er das aus dem Mittelalter überkommene Tonsystem an der Schwelle zum Aufbruch in die musikalische Moderne praktikabel zum Temperierten Stimmungssystem für Tasteninstrumente weiterentwickelt hat, aus dem dann die gleichstufige Tonskala hervorging. Andreas Werckmeister legte damit den Grundstein für das heutige Musizieren, sei es in Beat, Rock und Pop oder zeitgenössisch-klassischer Moderne.

Fast 200 Jahre später befaßte sich wieder ein Halberstädter mit dem musikalischen Tonsystem: Der in Wehrstedt (inzwischen ein nach Halberstadt eingemeindeter Ortsteil) geborene Carl Eitz (1848–1924). Ganz in der Tradition der Reformpädagogik erfand er ein Tonwortsystem für den Gesangsunterricht und als Akustiker entwickelte er das mathematisch reine Tonsystem, bei dem er die übliche Unterteilung der Oktave in zwölf Halbtonschritte durch

---

11 Andreas Werckmeister, *Die Musicalische Temperatur (1691), Reprint der Auflage von 1691 nach dem Exemplar in der Bibliothek des Gleimhauses Halberstadt*, hrsg. von Rüdiger Pfeiffer und Guido Bimberg, (=Denkmäler der Musik in Mitteldeutschland, Serie II – Documenta theoretica musicae, Bd. 1), Die Blaue Eule: Essen 1996.
12 Rüdiger Pfeiffer, *Vom Pietistenstreit und Harzer Berggeschrey zum temperierten Wohlklang. Der unbekannte Werckmeister*, in: Rüdiger Pfeiffer (Hrsg.), Geräuschvolle Stille – Geordneter Klang. Ästhetische und historische Überlegungen im Geiste des Kunstphilosophie von John Cage (=Potsdamer Forschungen zur Musik und Kulturgeschichte, Bd. 2), Frank & Timme: Berlin 2014, S. 115–143.

52 Einzel(Mikro)töne ersetzen wollte. Derartige Tonsysteme konnten sich letztlich aus gehörsphysiologischen und musikpsychologischen Gründen, aber auch der instrumententechnischen und spieltechnischen Kompliziertheit wegen nicht durchsetzen. 1922 wurde ihm für seine Forschungen der Ehrendoktor der Universität Kiel verliehen.

Die künstlerisch repräsentativen Ansprüche der Bürgerschaft der wirtschaftlich aufblühenden Stadt waren auch für den gesellschaftlich-öffentlichen Raum gewachsen und so reifte der Plan eines Theaterneubaus. Der Berliner Star-Architekt Bernhard Sehring, der u.a. auch das Theater des Westens in Berlin und das Stadttheater Cottbus entwarf und die Roseburg bei Ballenstedt ausbaute, hatte einen mit modernster Bühnentechnik ausgestatteten Theaterbau im prachtvollen Jugendstil entworfen. Mit reger Anteilnahme verfolgte die Halberstädter Bürgerschaft das Baugeschehen am Neuen Stadttheater in der Richard-Wagner-Straße. Die Halberstädter Bürgerschaft, patriotisch gesinnte Kunstfreunde und der Stadt verbundene Firmen und Vereine hielten es sich zur Ehre, wertvolle Kunst- und Einrichtungsgegenstände für die Innenausstattung zu stiften.

Am Abend des 30. Septembers 1905 öffnete sich erstmals der Vorhang im neuen Stadttheater am Königsplatz (heute: Theaterplatz in der Richard-Wagner-Straße) zur festlichen Eröffnung. Oberbürgermeister a. D. Dr. Adalbert Oehler (1860–1943) würdigte in seiner Festrede den *»Musentempel, in dem die arbeitsame Bürgerschaft sich ausruhen und nach dem Einerlei des täglichen Lebens dem Idealismus huldigen kann«*.[13]

Unter der Leitung des Königlich-Preußischen Musikdirektors Fritz Hellmann musizierte die verstärkte Militärkapelle des 27. Infanterie-Regiments *»Prinz Louis Ferdinand von Preußen«* (Seydlitz-Kürassiere) das Meistersinger-Vorspiel von Richard Wagner, und es gab Lessings *»Minna von Barnhelm oder Das Soldatenglück«* in der Inszenierung des neuen Theaterdirektors Friedrich Peterssohn-Feldner. Tags darauf fand eine Festvorstellung mit Richard Wagners *»Rheingold«* aus dem *»Ring des Nibelungen«* statt.

---

13 Rüdiger Pfeiffer, *Zum Halberstädter Musikleben von der Jahrhundertwende bis zum Ende des 2. Weltkriegs*. Nordharzer Jahrbuch, Band 18/19 (= Veröffentlichungen des Städtischen Museums Halberstadt, 26), Halberstadt 1995, S. 185–196.

Mit dem Theaterneubau begann eine kulturelle Blütezeit, die Halberstadt zu einem Theaterzentrum des Vorharzes werden ließ und darüber hinaus auch bedeutende Kapitel deutscher Musik- und Theatergeschichte mitschrieb.

Mit der Eröffnung des Stadttheaters 1905 kamen namhafte Künstler der deutschsprachigen Opern-, Operetten- und Schauspielbühnen nach Halberstadt. Insbesondere auf Privatinitiative des seit 1888 in Halberstadt praktizierenden Medizinprofessors und bedeutenden Gallenblasenoperateurs Dr. Hans Kehr waren zuvor schon Teilaufführungen Wagnerscher Musikdramen mit Bayreuther Besetzung im Stadtparksaal zustandegekommen. Der bildungsbürgerliche Kreis um Hans Kehr vertrat engagiert die Idee der Volksbildung und des Volkstheaters. So konnten die Generalproben von den armen Bevölkerungsschichten kostenlos besucht werden. Die Wogen der Begeisterung schlugen schon damals hoch und die *Halberstädter Zeitung* hatte am 1. November 1904 die Aufführung gefeiert als »*ein künstlerisches Ereignis, wie wir es seit der WALKÜRE nicht erlebt haben. Wenn ich auf das Orchester zu sprechen komme, so wird es mir schwer, die richtigen Worte der Anerkennung zu finden, wie sie eine so vollendete Leistung verdient. Ich lasse die Bayreuther Künstler selbst reden, welche meinten, sie seien erstaunt, ein Orchester von dieser Höhe zu finden, wie sie es außer in Bayreuth fast in keiner Provinzstadt angetroffen hätten, und vor allen Dingen einen Dirigenten, der sich ihren Intentionen schon in der ersten Probe so völlig anzupassen verstand*«. Mit *Tristan und Isolde* kam dann 1906 erstmals ein vollständig dargebotenes Musikdrama Richard Wagners auf die Bühne des Neuen Stadttheaters. Von nun an gab es alljährlich Wagner-Festspiele: »*Es ist heute schon: Halberstadt ist ein Kleinbayreuth ... Mit der Aufführung der GÖTTERDÄMMERUNG hat sich das dortige Theater, das an solchen Tagen in den Rang eines Festspielhauses tritt, in unablässiger und mühevoller Arbeit das große Drama Wagners vom Fluch des roten Goldes erobert*«.[14] Dabei war »*Die Leistung des Orchesters bewundernswert! Hier hatte man wirklich flüssige stilgerechte Wagnermusik vor sich, und dies von einer mit nur 20 Mann verstärkten InfanterieMilitär-Kapelle!*«[15] Halberstadt avancierte zu einem *Klein-Bayreuth*.

Hans Kehr und sein Freundeskreis waren nicht nur die finanziellen Mäzene der Aufführungen, sondern sie waren von der volksbildnerischen Idee und dem Gedanken des Wagnerschen Volkstheaters beseelt, hielten Vorträge,

---

14 Max Hesse, *Magdeburger Zeitung*, anlässlich der Halberstädter Aufführung der *Götterdämmerung* mit Ejnar Forchhammer als Siegfried und Ellen Gulbranson als Brünnhilde
15 Halberstädter Zeitung, 5. Juni 1909, Rezension zu derselben Aufführung.

verfassten einführende Zeitungsbeiträge in Wagners Musik und übernahmen persönliche Patenschaften, um auch die aus sozialen Gründen bildungsferneren Bevölkerungsschichten an den Geist der Wagnerschen Erleuchtung heranzuführen. So gründeten sie 1910 den *Harzer Festspielverein, »dessen höchste Aufgabe es sein soll, jedes Jahr solche Volksvorstellungen zu veranstalten. Denn die wahre Kunst kann nicht jene sein, die wie ein Privilegium bloß von einzelnen genossen wird, sondern jene, die dem Volk mit seinem unbestechlichen Sinn für das Einfache, Schöne und Wahre in die Tiefe der Seele dringt«.*

Legendär wurde die Meistersinger-Aufführung des Jahres 1910: Allein aus Halberstadt kamen 120 ausgewählte Sangesfreunde vom Lehrerseminar, vom Domgymnasium und vom Musikverein, um die besten Chormitglieder der Theater Hannover, Darmstadt, Coburg, Halle, Breslau, Bremen, Dortmund, Düsseldorf und Zürich zu verstärken. Das aus der 27. Infanterie-Kapelle bestehende Orchester wurde auf 70 Musiker verstärkt. Die Einstudierung hatte Musikdirektor Fritz Hellmann übernommen. Die Dekorationen stammten aus dem Atelier von Prof. Lütkemeyer in Coburg. Für den 2. Akt (mit der berühmten Prügelszene im mittelalterlichen Nürnberg zu streng geformter Musik in Stil einer Bachschen Fuge) hatte der Halberstädter Theatermeister Jakob Loeckenhoff die Dekorationen geschaffen, der auch die Beleuchtung und den Bühnenaufbau leitete. Regie führte der Theaterdirektor Johann Meißner und die musikalische Gesamtleitung lag in den Händen von Eduard Möricke aus Halle.

Gesangsstars jener Jahre liehen den Bühnenfiguren ihre Stimmen. Anton van Rooy sang den Hans Sachs, Adolf Gröbke den Stolzing, Elisabeth Böhm van Endart die Eva und Josef Geis den Beckmesser. Die Festspielleitung gab eine Festschrift mit Illustrationen von Georg Barlösius heraus. Und erstmals im deutschen Theaterleben gab es die *Meistersinger* als Volks- und Schülervorstellung bei freiem Eintritt.

Dies rief jedoch die Festspielgegner und Vertreter einer elitären Kunst- und Theaterauffassung auf den Plan. Die kommunalpolitischen Gemüter erhitzten sich und es baute sich eine *»bis zur Erbitterung gesteigerte Stimmung«* auf. Zum politischen Eklat kam es, als die Mehrheit der Stadtverordneten einen finanziellen Zuschuss verweigerte. Einer der Wenigen, der Partei gegen die elitäre Kunstauffassung ergriff und eine Lanze für die Idee der Volksbildung brach, war der Abgeordnete Dr. Moritz Crohn von der SPD: *»Es wurde gesagt, daß das Volk kein Verständnis hat für die Musik Wagners. Gerade der Tätigkeit dieser beiden Männer* [Hans Kehr und Fritz Hellmann, d. Verf.] *haben* *wir es zu verdanken, daß das Verständnis für Wagner bei uns in die weitesten Kreise gedrungen ist. Gehen Sie einmal in die Opern! Wenn Richard Wagner auf dem Programm steht, dann sind besonders der 2. Rang und die Galerie vollgestopft«.*[16]

Resigniert beglich Hans Kehr das enorme Defizit der Festspiele aus eigener Tasche und kehrte noch im selben Jahr verbittert der Stadt den Rücken und ging nach Berlin, wo er kurze Zeit später verstarb.[17]

Und wiederum ist es Persönlichkeiten aufrechter Gesinnung des Halberstädter Geisteslebens zu verdanken, dass nach dem Zweiten Weltkrieg eine Straße nach Hans Kehr benannt und im Foyer des Halberstädter Theaters Büsten von Richard Wagner und Hans Kehr aufgestellt wurden. Vor allem MD Hans Auenmüller und Sanitätsrat Dr. med. Wolfgang Lenz setzten sich mit ihrem Renommee dafür ein, dass der Klub der Intelligenz den Namen des verdienstvollen Prof. Dr. Hans Kehr erhielt.

Zwar wurden die Wagner-Aufführungen in der Folgezeit geringer, doch trotz des rigorosen Abbruchs der Festspiele war der Grundstein für eine bis in die heutige Zeit reichende Wagner-Tradition in Halberstadt gelegt. Zu einem grandiosen Ereignis gestalteten sich noch einmal die Aufführungen von *Siegfried* sowie *Tristan und Isolde* mit Alois Burgstaller anläßlich der 100. Wiederkehr des Geburtstages von Richard Wagner. Zugleich waren es die Abschiedsinszenierungen des Theaterdirektors Heinrich Vogeler von Halberstadt.

Erst im Mai des Jahres 1922 rückte Halberstadt wieder in den Blickpunkt der Öffentlichkeit als Wagner-Stadt. Siegfried Wagner gab ein Konzert mit eigenen und Werken seines Vaters, und es kam zu einem Gastspiel *Tristan und Isolde* mit dem berühmten Wagner-Tenor Fritz Vogelstrom aus Dresden.

Zu den bedeutsamsten Ereignissen in der Halberstädter Musikgeschichte gehört die Gründung des städtischen Theaterorchesters. Zwar besaß das Stadttheater von 1910 bis zum 1. Weltkrieg eine ständige Spieloper und Operette,

---

16 Zit. nach Rüdiger Pfeiffer, *Zum Halberstädter Musikleben*, a.a.O, S. 189.
17 Insbesondere zur medizinischen Würdigung des Wirkens von Prof. Dr. Hans Kehr siehe: Frank Eder und F. Meyer, *Kehrs Wirken in der Gallenchirurgie* – wiederkehrender Anlass für ein Symposium der Viszeralmedizin – eine Kongressnachlese zum „Mitteldeutschen ‚Kehr-Symposium' in Halberstadt", in: Zentralblatt für Chirurgie 137/2012, Georg Thieme Verlag KG Stuttgart und New York, S. 75–78.

doch kein eigenes Orchester. Ebenso wie bei den Wagner-Aufführungen stellte die 27. Infanterie-Kapelle, zumeist unter Leitung ihres Preußisch-Königlichen Musikdirektors Fritz Hellmann, das Theaterorchester. Das Halberstädter Musikleben ist aufs engste mit dem segensreichen Wirken dieses Mannes verbunden. Sein Musikkorps der Seydlitz-Kürassiere formte er zu einem beachtlichen Klangkörper, der Theaterdienst versah, den orchestralen Kern der Halberstädter Wagner-Festspiele stellte und sowohl eigene als auch Konzerte mit anderen Musikvereinen gab. So hatte bspw. im Winter des Jahres 1906 der Oratorienverein unter Hellmanns Stabführung die »Faust-Szenen« von Robert Schumann dargeboten. Sonn- und feiertags zogen Platzkonzerte das Publikum auf den Holzmarkt, den Bismarck-Platz und in die Plantage oder zu Matineen in die Spiegelsberge. Daneben führten die von dem Halberstädter Buchhändler Walter Cramer veranstalteten *Schimmelburg-Konzerte*[18] und die Konzerte des Musik- und Oratorienvereins namhafte Interpreten in die Vorharzstadt. 1912 gastierte Max Reger mit der Meininger Hofkapelle im Großen Stadtparksaal und der Komponist und Pianist Eugen d'Albert gab 1914 ein Klavierkonzert.

Am 9. Oktober 1919 war es soweit: das Städtische Orchester Halberstadt gab sein festliches Gründungskonzert. Den Grundstock bildete das Harzburger Kurorchester, das der Musikdirektor Florenz Werner mitbrachte. Für die Philharmonischen Konzerte im Stadttheater wurde es auf 55 Musiker verstärkt. Der Konzertplan verhieß hochgesteckte Pläne: Beethovens *»Eroica«* und *»Die Neunte«*; *»Die Erste«* von Brahms und *»Die Achte«* von Bruckner, Tschaikowskys *»Pathétique«* und Regers *»Mozart-Variationen«*, *»Tod und Verklärung«* von Richard Strauss sowie die *»Faust-Sinfonie«* von Franz Liszt.

Fritz Hellmann hatte im Herbst 1919 mit dem Städtischen Orchester und dem Halberstädter Musikverein eine hochgelobte Aufführung des *Deutschen Requiems* von Johannes Brahms geboten. Nunmehr wurde ihm die Leitung des Städtischen Orchesters übertragen. Er führte die großen Sinfoniekonzerte fort, pflegte die Wagner-Tradition und setzte sich für künstlerisch wertvolle Volkskonzerte ein, zu denen Musiklehrer Herbert Pätzmann von der Dom- und Ratsschule Einführungsvorträge hielt.

Aufgrund der Inflation trennte sich die Stadt jedoch 1921 von ihrem Orchester, das sich in *Tonkünstler-Orchester Halberstadt* umbenannte. Fritz Hellmann legte aus Verärgerung den Taktstock nieder und wirkte bis zu seinem

---

18 Verlag der J. Schimmelburg'schen Buch-, Kunst- und Musikalienhandlung, Halberstadt.

Tod 1928 nur noch ausschließlich als Chordirigent, u.a. des Halberstädter Musikvereins mit herausragenden Aufführungen der Bachschen *Matthäus-Passion*, der *Missa solemnis* von Beethoven und des *Deutschen Requiems* von Brahms.

Das *Tonkünstler-Orchester Halberstadt* wurde zu Konzerten des Musik- und Oratorienvereins sowie weiterer Chorvereinigungen hinzugeholt. Mit dem von August Döll geleiteten und wohl stärksten Chor jener Zeit, dem *Sängerbund*, kamen Rombergs »Lied von der Glocke« nach Schiller, das Oratorium *Die Jahreszeiten* von Joseph Haydn und die Oper »*Das Nachtlager von Granada*« von Conradin Kreutzer zur Aufführung. Siegfried Wagner dirigierte als gefeierter Gast des Jahres 1922 das Orchester und als 1925 die berühmte Mailänder Scala mit einem Gastspiel des »*Barbier von Sevilla*« von Giacchino Rossini anreiste, musizierte das Stadtorchester unter der Stabführung von Maestro Mario Cordane.

1921 dirigierte für ein Jahr Reinhardt Puls-Hartmann das Orchester, der sich engagiert für Volks- und Schülerkonzerte einsetzte. Danach übernahm – aus Magdeburg kommend – Paul Arndt bis 1924 den Taktstock. Insbesondere führte er die Sinfoniekonzerte einem neuerlichen Höhepunkt zu. Künstler von Rang und Namen gaben Zeugnisse ihres Könnens. Genannt seien die Cellisten Enrico Mainardi und Prof. Julius Klengel, die Geiger Prof. Walter Davisson und Prof. Otto Kobin, die Pianisten Walter Gieseking, Prof. Xaver Schwenke, Wilhelm Kempff und Elly Ney sowie die Sopranistin Ilse Helling-Rosenthal, der Bassist Prof. Dr. Hans Joachim Moser und die Tenöre Björn Talen und Helge Roswaenge. Mit großem Enthusiasmus konnte mit Unterstützung der Musikpädagogen Dr. Frank Bennedik und Herbert Pätzmann eine Konzertgemeinde gebildet werden, die bald über tausend Musikfreunde zählte.

Sozial ambitioniert und die volksbildnerische Idee von Professor Hans Kehr aufgreifend, führte Theater-Impresario Francesco Sioli ein *Volksanrecht* ein, bei dem zweimal in der Woche zu kleinen Preisen gespielt wurde. Damit begann in Halberstadt die bis in heutige Zeit reichende Tradition, für junge Künstler ein Sprungbrett »*auf die Bretter, die die Welt bedeuten*«, zu werden. So standen bspw. am Anfang ihrer kometenhaften Bühnenlaufbahn Gustaf Gründgens und Dr. Albrecht Schönhals in jenen Jahren und später Theo Lingen auf der Halberstädter Bühne.

In der Amtszeit des als Gerhart-Hauptmann-Darsteller bekannten, liberalen Intendanten Eugen Teuscher von 1922 bis 1928 gewann das Musiktheater weiter an Bedeutung und Ausstrahlung. Der später als Schlager- und Filmkomponist erfolgreiche Kapellmeister Harald Böhmelt setzte auf Teuschers Anregung hin neben den bis dahin üblichen Possen und Operetten auch Opern auf den Spielplan. So waren *Wiener Blut*, *Der Vogelhändler* und *Gasparone* – mit dem jungen Theo Lingen – zu erleben, aber auch die Oper *Tiefland* von Eugen d'Albert gespielt (1924) und das Ballett *Die Josephslegende* von Richard Strauss.

Im Herbst des Jahres 1925 war Hanns Clemens aus Bamberg als Kapellmeister für das Halberstädter Stadttheater gewonnen worden. Intendant Eugen Teuscher setzte sich maßgeblich für die Schaffung eines eigenen Opernensembles und die Einrichtung der Großen Oper ein. Es kam zu einer planvollen Pflege der Opernwerke von Giuseppe Verdi, Beethoven und Richard Strauss. Und erstmals wurde 1927 die Wagner-Tetralogie *Der Ring des Nibelungen* vollständig gegeben.

Das Dienstverhältnis des Orchesters blieb trotz einiger Neuregelungen und der erfolgreichen Opernpflege unsicher. Die Musiker wurden außerhalb der Spielzeit, also von Mai bis August, nicht bezahlt. Somit mußten sie des Sommers eigenständig Finanzquellen erschließen. So spielten die Musiker in Kurkapellen von Bad Tölz, Stolpmünde, Braunlage u.a. Im Herbst des Jahres 1927 kam es zu einem Streik der Orchestermusiker, wodurch eine Neufassung der vertraglichen Regelungen zwischen Orchester und Stadt sowie klarere Dienstverhältnisse der Musiker erwirkt werden konnten. Weiterhin blieb es bei einer Spielzeit von acht Monaten, doch in den Sommermonaten ging das Orchester fast geschlossen als Kurkapelle nach Braunlage. Musiker, die dabei nicht beschäftigt waren, erhielten für die Zeit ein Überbrückungsgeld.

Doch bereits ein Jahr später mußte Dr. Edgar Groß – Teuschers Nachfolger im Intendantenamt – rigorose Sparmaßnahmen durchsetzen. Die Oper wurde wieder abgeschafft, der Chor um die Hälfte verringert und 15 Musiker erhielten ihre Kündigung. Die Operette schwang sich als leichte Muse zur Beherrscherin des Spielplans auf und Schauspiele anspruchsloseren Charakters mit Musikeinlagen gewannen die Oberhand. Das musikalische Niveau war unter diesen Umständen und nach dem 1927 erfolgten Weggang von Hanns Clemens im Sinken begriffen.

Dennoch fand im Herbst 1928 das 2. Halberstädter Musikfest statt, das den Jubilaren Franz Schubert und Johannes Brahms gewidmet war. Doch erst 1930 vermochte der Dirigent Theo Buchwald das Niveau des Musiktheaters und das Leistungsvermögen des Orchesters wieder zu steigern. Gemeinsam mit dem Gesangverein *Sängerbund*, dem Chor des Realgymnasiums und dem Theaterchor sowie dem auf 60 Musiker verstärkten Orchester wurde Wagners *Parsifal* zu einem einzigartigen Höhepunkt. Das 25jährige Bestehen des Halberstädter Stadttheaters wurde mit einer Festvorstellung des *Tannhäuser* gefeiert.

Bereits 1932, noch vor der Verordnung *Zum Schutz von Volk und Staat* und dem *Gesetz zur Wiederherstellung des Berufsbeamtentums* des nationalsozialistischen Reichstags vom 7. April 1933, wurde ebenso wie in vielen anderen Städten auch in Halberstadt das Gesetz des Preußischen Landtages umgesetzt, alle nicht-reichsdeutschen Theaterkünstler zu entlassen und Stücke mit »*pazifistischer oder moralisch destruktiver Tendenz*« nicht mehr aufzuführen. Entlassungen wurden ausgesprochen und eingreifende Spielplanänderungen vorgenommen.

Antisemitische Bekundungen wurden auch in den Konzerten von Theo Buchwald immer offener. 1933 wurde er relegiert. Der Gesangverein *Sängerbund*, der fast ständig den Theaterchor verstärkte, erklärte sich solidarisch und trat im Theater nicht mehr auf. Zwei Jahre später verweigerte der Chor die Gleichschaltung und wurde durch Verbot aufgelöst. Bereits in der Spielzeit 1932/33 gewannen Bühnenstücke das Übergewicht, die prononciert dem nationalen Geist der neuen Zeit verpflichtet waren.

Doch auch in der Zeit des Dritten Reichs kam es am Halberstädter Stadttheater zu künstlerisch besonders anspruchsvollen und herausragenden Aufführungen hohen Niveaus. Die Oper *Island-Saga* von Georg Vollerthun, die 1925 ihre Uraufführung in München erlebt hatte, war zu sehen. Völkischnational intendierte Inszenierungen waren an der Tagesordnung. So auch bei den Freiheitsopern *Fidelio* von Beethoven und *Elektra* vom Präsidenten der Reichsmusikkammer Richard Strauss sowie bei der monumentalen Volksoper *Die Meistersinger von Nürnberg* von Wagner, die aus Anlaß der Halberstädter 800-Jahrfeier 1935 unter der Leitung von MD Werner Ellinger mit den Gästen Jaro Prohaska und Heinrich Streckfuß gegeben wurden. Werner Ellinger baute die Sinfoniekonzerte aus und vermochte es, gute Solisten nach Halberstadt zu holen. Neben den bereits erwähnten Gästen standen bspw. Otto Simroth im *Rosenkavalier* und Friedrich Mario Müntefer auf der Halberstädter Bühne und erfreuten das Publikum.

Die städtische Theaterkunst strahlte als Dominante im Halberstädter Musikleben wiederum auf vielfältige Aktivitäten aus. In den 1930er Jahren bestand am Theater ein sehenswertes Ballett und die Zahl der Orchestermusiker konnte erhöht werden. Der Kostümfundus wurde stark erweitert, die Beleuchtungsanlage erneuert und der Zuschauerraum umgestaltet. Es wurde eine ganzjährige Spielzeit eingeführt, und die Besucherzahl konnte bis Kriegsbeginn mit attraktiven Programmen auf nahezu das Doppelte gesteigert werden.

Großer Beliebtheit erfreuten sich die *Volkskonzerte* in der Plantage und auf dem Bismarckplatz. Der Kreuzgang der romanischen Liebfrauenkirche bot stimmungsvolle Atmosphäre in der Verschmelzung von Architektur und Historie, Natur und Musikwelt. Kammermusikgruppen des Orchesters, insbesondere das Streichquartett von Max Gläser, boten den Musikinteressierten Genuß und Erbauung. Gleichermaßen rege und mannigfaltig war die Kirchenmusik. Ab 1939 erklang auf Initiative der NS-Kulturgemeinde vom altehrwürdigen Rathaus ein Glockenspiel aus Meißner Porzellan.[19]

Um die Entwicklung des Theaterorchesters und das alsbald vom Krieg gezeichnete Musikleben machte sich der später an die Berliner Staatsoper berufene Gerhard Hüttig verdient. Er setzte sich für das musikalische Schaffen von Hans Pfitzner ein und bereicherte den Spielplan durch interessante Neuheiten wie *Tobias Wunderlich* von Joseph Haas, *Enoch Arden* von Otmar Gerster und Mozarts *Idomeneo* in der Bearbeitung von Richard Strauss. Unter der Leitung des Intendanten Jakob Ziegler, der das Halberstädter Theater über die Zeiten brachte, wurde bis zur Goebbelschen Ausrufung des »Totalen Kriegs« 1944 Theater gespielt.

Es herrschte ein turbulentes Leben in der Stadt und es bot sich ein buntes Straßenbild. Fanfarenzüge, Spielmannszüge und Blaskapellen zogen durch die Straßen und auf Plätzen wurde musiziert und gesungen. Umzüge von Vereinen, wie bspw. der Jungfrauenvereine in Halberstadt, wurden vom Musikzug des Realgymnasiums (Martineum) unter Leitung des Schülers Ernst Brohm (1929) musikalisch begleitet, was auf die Umstehenden jeweils

---

19 Seit dem 26. Juni 2004 erklingt an dem historisch nachgebildeten Rathaus in Halberstadt dank engagierter Bürger wieder ein Glockenspiel aus Meißner Porzellan.

beträchtlichen Eindruck machte. Auch ein *Halberstädter Marsch* fand in jenen Jahren weite Verbreitung. Das von Dr. Ziller geleitete Kultur-Ensemble vereinte Jugendliche zu Chor und Streichorchester, Tanz und dramatischer Darstellung.

Jede höhere Schule, die etwas auf sich hielt, besaß einen Chor oder unterhielt gar ein Schulorchester. Das bekannteste Schulorchester jener Zeit war das von Studienrat Herbert Pätzmann am Realgymnasium (Dom- und Ratsschule, später Bertolt-Brecht-EOS und dann Gymnasium Martineum) am Johannesbrunnen. Fast an jedem Wochenende fand in der Aula eine Veranstaltung mit Literatur, Chorgesang und Orchestermusik statt. Mit beachtlichem Niveau wurden beliebte Opernouvertüren, klassische Sinfonien bis hin zur *»Unvollendeten«* von Schubert und zur *»Kleinen Nachtmusik«* von Mozart gespielt. Bei den Abschlußfeiern für die Abiturienten wurde gemeinsam ein Lied mit Segenswünschen für den weiteren Lebensweg angestimmt. Das Schulorchester, in dem an die 50 Jugendliche mitspielten, unternahm auch Konzertreisen in umliegende Städte.

Zahlreiche Musikpädagogen und Instrumentallehrer gaben privaten Musikunterricht und veranstalteten periodisch Vorspielabende. Die Schülerkreise der Gesangspädagogin Mara Heinecke, der Klavierlehrerinnen Mary Rosner und Elisabeth Maak, Klara Naumann und Klara Schneider, Emma Trotsche und Herta Rennebaum sowie des privaten Musikinstituts von Elise Tanneberg und vieler weiterer Musiklehrer sorgten für ein reiches und blühendes Musikleben. Neben dem Stadtparksaal war die Loge am Paulsplan ein beliebter Veranstaltungsort. Das von Dr. Kurt Klamroth 1928 als Hausmusikkreis gegründete Collegium musicum unterstützte die Auftritte des *Halberstädter Musik- und Oratorienvereins*. Die großen sinfonischen Konzerte wurden nach Hellmanns Tod von Martin Jansen geleitet, dem eine Vielzahl herausragender Aufführungen klassischer Werke, wie bspw. Beethovens Chorfantasie mit Herta Rennebaum am Flügel und anschließend jubelnder 9. Sinfonie, zu verdanken sind.

Mit dem verheerenden Krieg war auch die weithin gerühmte städtebauliche Schönheit der einst prachtvoll mittelalterlichen Stadt mit ihrem schwer beschädigten gotischen Dom untergegangen. Mit großartigem Aufbauwillen wurden die schlimmsten Zerstörungen behoben und vor allem Wohnbauten geschaffen. Doch es sollte noch ein halbes Jahrhundert vergehen, ehe noch kurz vor Ende des 20. Jahrhunderts die Stadt mit dem neuerbauten Rathaus in historisierender Fassade, der Ratslaube und der Rolandsfigur sowie den

Marktplätzen im Stadtzentrum wieder ein sehens- und erlebenswertes Antlitz erhalten sollte. Um so stärker war allerdings auch die Sehnsucht der Bürger nach Unterhaltung, nach Theater- und Musikerlebnissen.

Unmittelbar nach Kriegsende setzten enthusiastische Bemühungen ein, den Theater- und Konzertbetrieb wieder aufzunehmen, was von der Sowjetischen Militäradministration (SMAD) und der im Juli 1945 von ihr eingesetzten Deutschen Zentralverwaltung für Volksbildung (DVV) sogar gefördert wurde.[20]

Alsbald sammelten sich Chormitglieder wieder zum gemeinsamen Singen. Das Theaterspiel wurde in den Belegschaftsraum der Fleischwarenfabrik Heine (Halberstädter Würstchen) verlegt. 420 Zuschauer fanden Platz und als Eintrittsgeld musste ein Kohlenstein mitgebracht werden. Trotz der eingeschränkten Bühnenmöglichkeiten waren die künstlerischen Erlebnisse großartig. Auf dem Programm standen u.a. *Die Hochzeit des Figaro* von Wolfgang Amadeus Mozart und die Komödie *Pygmalion* von Bernard Shaw. Als die Produktion der Wurst- und Fleischfabrik ausgeweitet wurde, wurden die Vorstellungen in das Union-Kinotheater verlegt.

Bei dem Terrorbombardement der Alliierten am 8. April 1945 auf die Stadt Halberstadt und ihre Bevölkerung war das Kleinod der deutschen Theaterkultur schwer beschädigt worden. Aus offenbar eher politisch-ideologischen denn bautechnischen Gründen wurde das Theatergebäude in der Richard-Wagner-Straße während der Sowjetischen Besatzung und auch später nicht wieder aufgebaut. Einzig erhalten haben sich die von Halberstädter Bürgern gestiftete Skulptur der *Venus von Milo* und die Büsten von *Richard Wagner* und *Hans Kehr*, die im Foyer des als Provisorium gedachten Nachfolgebaus zu sehen sind. Aus Trümmern des untergegangenen Stadtzentrums wurde

---

20 SMAD-Befehl Nr. 51: Wiedereinrichtung und Tätigkeit der Kulturinstitutionen (25. September 1945). Die DVV war zuständig für das Schul- und Hochschulwesen, für Wissenschaft, Kunst und Literatur sowie die Kulturelle Aufklärung. Meist hochgebildete, kultur- und kunstinsteressierte sowie deutsch sprechende Kulturoffiziere wachten über das ostdeutsche Kultur- und Geistesleben. Die Unterordnung unter die stalinistische Kulturpolitik und Kunstästhetik sollte in den frühen 1950er Jahren Staatsdoktrin der jungen DDR werden.

das »*Nottheater*« als erster Theaterneubau im Nachkriegsdeutschland geschaffen.

Dazu wurde das ehemalige Vergnügungslokal »*Elysium*« von 1891 nach Plänen des Halberstädter Architekten Alfred Ludwig mit Trümmersteinen umgebaut. Die Bautechnologie bedingte eine ungewohnte Theaterarchitektur im Stile neuer Sachlichkeit, wie sie das Haus heute noch zeigt.[21] In bester Halberstädter Volksbildungs- sowie Wagner- und Kehr-Tradition sollte es ein »*Volkstheater*« sein.[22] Am 3. September 1949 hob sich der Vorhang zur feierlichen Einweihung mit Goethes Freiheitsdrama *Egmont*. Bereits fünf Tage später hatte Beethovens Schreckens- und Freiheitsoper *Fidelio* Premiere und unmittelbar danach *Die Fledermaus* von Johann Strauß.

Alle Halberstädter Künstler stellten sich mit ihrer Kunst an die Seite des Wiederaufbaus, unterstützten das Nationale Aufbauwerk, gaben Benefizkonzerte und belebten das Halberstädter Kunst- und Geistesleben in den Nachkriegsjahren. Legendär waren die Schülerkonzerte der renommierten Klavierpädagogin Herta Rennebaum in der Halberstädter Dompropstei. Nach Gründung des Jugendstreichorchesters Halberstadt wurden die stets hochkarätigen Klavier- und Gesangsdarbietungen durch die Mitwirkung des Orchesters oder der Kammermusikgruppen bereichert.

Sowohl am Dom als auch an der Martini- und Liebfrauenkirche, der Johanniskirche im Westendorf und der Andreaskirche sowie der Moritzkirche in der Unterstadt wurden die Kantoreien wieder aktiv und häufig gesellten sich instrumentale Musizierzirkel hinzu. Ein sehr bekanntes Musikensemble bestand aus Mitarbeitern der Staatsbank und der Sparkasse Halberstadt, das seine Heimstatt an der Martinikirche hatte.

---

21 Willi Koch, Graphische Anstalt, Halberstadt, vermutlich 1950er Jahre.
22 Theater-Intendant in der Bauphase war von Januar 1947 bis September 1948 Hans Thiede.

Neben der kammermusikalisch orientierten Stunde der Musik waren es vor allem die Aufführungen des Volkstheaters Halberstadt und die Sinfoniekonzerte des Theaterorchesters, die das musikalische Leben in Halberstadt repräsentierten. In der Sommerzeit fanden zusätzlich im Kreuzgang der Liebfrauenkirche Serenadenkonzerte statt, die sich schon allein der Atmosphäre wegen großer Beliebtheit erfreuten. Fast ständig war das Theaterorchester auch Begleiter der großen kirchenmusikalischen Aufführungen der Kirchenchöre, insbesondere des Dom- und Oratorienchors, bis dies seitens der politischen Administration nicht mehr erwünscht war und unterblieb. Dies hinderte jedoch viele Musiker nicht, dennoch in dem nunmehr aus Aushilfen zusammengestellten Kirchenorchester mitzuspielen. Später wurde das Dessauer Kammerorchester ein gern gesehenes Instrumentalensemble.

Zahlreiche Angestellte und Leitende Mitarbeiter aus den Bereichen der Verwaltungen und der Betriebe sowie die Halberstädter Ärzte- und Lehrerschaft bildeten die tragende Bevölkerungsschicht des kulturellen Geschehens in der Stadt. Mit zunehmender Kulturarbeit kam das Publikum auch aus den Kreisen der technischen und landwirtschaftlichen Produktion des Umlandes.

Auch in der 1949 gegründeten DDR, in deren staatspolitischem Gebiet Stadt und Landkreis Halberstadt mit erst grüner und dann innerdeutscher Grenze lagen, konnte die auf das Jahr 1853 zurückgehende Wagner-Tradition fortgeführt werden. So standen Wagnersche Musikdramen immer wieder auf dem Spielplan des Volkstheaters Halberstadt.

Eine außerordentlich kreative Bereicherung erlebte Halberstadt, als Hans Auenmüller (1926–1991) mit der Spielzeit 1952 zunächst als Chordirektor ans Halberstädter Theater kam und von 1954 bis 1991 als Musikdirektor und Musikalischer Oberspielleiter fast vier Jahrzehnte ununterbrochen segensreich wirkte. Besonders älteren Halberstädtern ist noch die großartige Aufführung der Wagnerschen *Meistersinger* vor der prachtvollen Kulisse der gotischen Westfassade des Halberstädter Domes im Jahr 1958 in Erinnerung. Ganz Halberstadt war auf den Beinen und viele Sängerinnen und Sänger wirkten mit, so dass mit dem berühmten »*Wach-auf-Chor*« mit kräftigen Stimmen das Hohelied auf die deutsche Kunst gesungen wurde.

Zu den bedeutenden Wagner-Regisseuren, die in kongenialer Weise in Halberstadt an der Seite von Hans Auenmüller inszenierten, gehörte in jenen Jahren Helmut von Senden. Außer den *Feen*, dem *Liebesverbot*, *Rienzi* und

Parsifal hatten alle Werke Wagners in Halberstadt ihre tlw. wiederholten Aufführungen bis hin zum *Lohengrin* des Jahres 2011 in der Inszenierung von Kay Metzger und unter der musikalischen Leitung von MD Johannes Rieger.

Mit Hans Auenmüller, der selbst als erfolgreicher Komponist von kammermusikalischen und sinfonischen Werken, Klavier- und Orchesterliedern, Märchenopern für das Harzer Bergtheater und Opern hervortrat und u.a. auch für das Jugendsinfonieorchester Halberstadt Werke schuf, fand auch das zeitgenössische Musikschaffen einen angestammten Platz im Halberstädter Musiktheater und in den Sinfoniekonzerten. Hans Auenmüller war einer der ersten deutschen Dirigenten, die dem sowjetischen sinfonischen Schaffen einen festen Platz im Repertoire gaben. So erklangen in Halberstadt bspw. die orchestralen Werke von Dmitri Schostakowitsch (1906–1975) auch zu Zeiten, als der Komponist in der Sowjetunion und damit auch in den ‚sozialistischen Bruderländern' verfemt war, da er seine künstlerische Intention nicht der stalinistischen Kunst-Ideologie unterordnete. Doch das Halberstädter Publikum erhielt die Möglichkeit, sich mit den als ›formalistisch‹ und ›dekadent‹ sowie fernab des geforderten ›sozialistischen Realismus‹ stehend deklarierten Klängen auseinanderzusetzen und die von Schostakowitsch hineinkomponierten subversiven Subtexte zu hören.[23]

Hans Auenmüller

---

23 Bereits 1936 titelte das sowjetische Parteiorgan »*Prawda*« am 28. Januar »*Chaos statt Musik*« und eröffnete damit die großangelegte rigorose Kulturkampagne zur Durchsetzung des sozialistischen Realismus in der Kunst. Anlass gab Dmitri Schostakowitschs 1934 in Leningrad uraufgeführte und anschließend überall in der Sowjetunion als auch im Ausland, besonders in den USA, viel gespielte Oper *Lady Macbeth von Mzensk*. Es kann inzwischen als sicher angesehen werden, dass Stalin nach einem Besuch der Moskauer Aufführung im Bolschoi-Theater den Artikel selbst verfasst hat. Nach dem Zweiten Weltkrieg sollten die Künstler und insbesondere Komponisten der Sowjetunion 1948 wiederum diszipliniert und auf den ‚*sozialistischen Realismus*' eingeschworen werden. Zum Sprachrohr machte sich 1948 Andrej Alexandrowitsch Shdanow, dessen Verdikt über das zeitgenössische Musikschaffen auf der Beratung mit Vertretern der sowjetischen Musik im Zentralkomitee der KPdSU im Januar 1948 als kunstästhetische und kulturpolitische Doktrin der SED in der DDR übernommen wurde. Von da an wurde zunehmend in die Spielplangestaltungen der Theater und Kultureinrichtungen sowie das künstlerische Schaffen in der DDR von Staat und SED hineinregiert. – Von dem studentischen Matthias-Quartett Halle (Zwetelina Metschkunowa und Philine Fischer – 1. und 2. Violine, Matthias Erben – Viola, Rüdiger Pfeiffer – Violoncello und Mo-

Rüdiger Pfeiffer

Die fast vier Jahrzehnte währende Auenmüller-Ära war gekennzeichnet von einer Förderung junger Talente und einer Spielplangestaltung mit vielen Ur- und Erstaufführungen sowie großartigen Musik- und Theatererlebnissen.

Der Musikwissenschaftler Rüdiger Pfeiffer hob gemeinsam mit OStR Günter Bust, Direktor der Bezirksmusikschule Georg-Philipp-Telemann Magdeburg, den Komponisten Dieter Nathow, Dr. Stojan Stojantschew und Klaus-Dieter Kopf sowie Musikdirektor Hans Auenmüller anlässlich der Musikfeste im Bezirk Magdeburg, aus denen nach der politischen Wende das jährliche Musikfest des Landes Sachsen-Anhalt unter der Schirmherrschaft des Ministerpräsidenten entstand, die Orchesterwerkstatt Junger Komponisten mit dem Orchester des Halberstädter Theaters aus der Taufe. Diese in Kooperation mit Jeunesse musicale inzwischen europaweit einzigartige Förderung junger Kompositionstalente geht nunmehr in das 26. Jahr ihres Bestehens und wird vom Nordharzer Städtebundtheater unter der künstlerischen Leitung von MD Johannes Rieger fortgeführt.[24] Eine Dirigenten-Werkstatt hat sich hinzugesellt.

Bei allem Musikenthusiasmus hatte Halberstadt jedoch mit einer Kalamität zu kämpfen: Es gab keine Musikschule in Halberstadt. Die meisten Privat-Musiklehrer hatten um 1970 aus Altersgründen ihre Unterrichtstätigkeit eingestellt und die wenigen verbliebenen konnten den Ansturm kaum bewältigen.

Um dem steigenden Bedarf an instrumentaler und vokaler Ausbildung nachkommen zu können, wurden in den 1970er Jahren in größeren Städten Musikunterrichtskabinette eingerichtet, so auch in Halberstadt. Allerdings gab es dort in der Regel nur ein eingeschränktes Instrumentenspektrum.

Erst 1990 kam es auf Anregung der Bürgerinitiative »*Neues Forum*«, der Halberstädter Musikschullehrer und der Lehrkräfte des Musikunterrichtskabinetts zur Gründung einer selbstständigen Kreismusikschule Halberstadt mit einem weitgefächerten Ausbildungsprogramm und eigenen Außenstellen im

---

deration), das für seine künstlerische Qualität mehrere Auszeichnungen von der Martin-Luther-Universität Halle-Wittenberg erhielt, wurde mit dem bekenntnishaften 8. Streichquartett von Schostakowitsch, das zahlreiche musikalische Zitate enthält, u.a. das Revolutionslied »*Gequält von schwerer Gefangenschaft*«, im Hallenser Raum eine Schostakowitsch-Euphorie ausgelöst. Es war die politisch hochbrisante Zeit der Ausbürgerung von Wolf Biermann und weiterer regimekritischer Kunstschaffender.

24 Siehe Programmheft *Musikfest des Bezirkes Magdeburg 1987*. Magdeburg 1987.

Kreisgebiet. Im Zuge der Kreisgebietsreform wurde im Jahr 2008 aus den Musikschulen Wernigerode, Halberstadt und Quedlinburg die Musikschule Harz »*Andreas Werckmeister*« gegründet und Halberstadt somit wieder eine Außenstelle. Dort hat sich inzwischen auch ein Collegium musicum gegründet, in dem ehemalige Mitglieder des Jugendstreichorchesters Halberstadt mitspielen. Als weiteres bedeutendes Musikensemble ist das 1961 gegründete Jugendblasorchester unter der Leitung von Thilo Eulenburg fest im Musikleben der Stadt verankert.

Im Jahr 1992 schlossen sich die Bühnen Halberstadt und Quedlinburg zu einem Drei-Spartenhaus (Musiktheater, Ballett und Schauspiel) unter dem Namen Nordharzer Städtebundtheater zusammen. Das Theaterorchester kann wieder im Dom spielen und ist fester Partner der Domfestspiele mit KMD Claus-Erhard Heinrich, bei denen bspw. 2010 Mahlers berühmte *Sinfonie der Tausend* im ausverkauften Dom zur Aufführung kam.

Die Internationale Andreas-Werckmeister-Gesellschaft, das Gleimhaus – Literaturmuseum der deutschen Aufklärung, der Kammermusikverein als Fortführung der Stunde der Musik – Internationale Kammermusikreihe und das John-Cage-Orgel-Kunst-Projekt in der ehemaligen Burchardiklosterkirche mit dem langsamsten Musikstück der Welt [25] sind klangvolle Zeugnisse der Weiterführung der Jahrhunderte langen Musiktradition im Sinne eines kreativen und lebendigen Musiklebens der Gegenwart und Zukunft in der Stadt Halberstadt.

---

25 Siehe: Rüdiger Pfeiffer, *Halberstadt, John-Cage-Orgelprojekt ORGAN²/ASLP oder: Wie langsam ist »so langsam wie möglich«?*, in: Zentren der Kirchenmusik, hrsg. von Matthias Schneider und Beate Bugenhagen (= Enzyklopädie der Kirchenmusik, hrsg. von Matthias Schneider, Wolfgang Bretschneider und Günther Massenkeil, Bd. 2), Laaber-Verlag: Laaber 2011, S. 388–395.

Das Jugend-Streichorchester Halberstadt
auf der Bühne des Volkstheaters Halberstadt
dirigiert von Rolf-Reinhart Loose
im Gründungsjahr 1966

30 Jahre Jugend-Streichorchester Halberstadt

Rüdiger Pfeiffer

Die Gründungsphase des Jugendstreichorchesters Halberstadt führt in das Jahr 1965 und reiht sich ein in das Kontinuum der bedeutenden jahrhundertealten Musiktradition und des pulsierenden bürgerlichen Musiklebens sowie in die innovative Aufbruchstimmung nach dem Zweiten Weltkrieg im zerstörten Halberstadt.

Bereits im Oktober 1961 war das Jugendblasorchester an der Marx-Engels-Oberschule ins Leben gerufen worden. Die Leitung hatte der Musiklehrer Hans Hasselmann. Sowohl die Anerkennung und die Erfolge im Halberstädter Musikleben als auch die schulischen und pädagogisch positiven Wirkungen ließen die Idee eines Streichorchesters und eines zusammengefassten Jugend-Sinfonie-Orchesters aufkommen. Im Laufe des Jahres 1965 wurde der Taktstock gehoben, um den Einsatz für Gründung des Jugendstreichorchesters zu geben.

Bedacht werden muss bei all diesen kulturellen und schulischen sowie pädagogischen Initiativen auf den unteren kommunalen Ebenen der zentralistischen Staatsmacht in der DDR, dass sie in einem gesellschaftlichen und politischen Umfeld stattfanden, das ständig von parteipolitisch-ideologischen Prämissen und staatlichen Direktiven gelenkt war. Davon war zum einen von den Kindern und Jugendlichen natürlich nicht viel zu spüren und wenn dann erst mit zunehmendem Alter und kritischem Denken und zum anderen hing viel von den agierenden Kulturpolitikern, Abgeordneten und Pädagogen ab, die sich trotz möglicher Restriktionen für kulturelle, gesellschaftliche und schulische Bedingungen einsetzten, die das Wohl und die soziale sowie individuelle Entwicklung der Persönlichkeit eines jeden einzelnen Schülers zu fördern vermochten. Somit war es ein Glücksumstand, dass es solche weitsichtigen Persönlichkeiten in Stadt und Kreis Halberstadt gab und sie auch Gelegenheiten erhielten, sich zu entfalten.

Im Zusammenhang mit der großen kulturellen Vergangenheit und dem bürgerschaftlichen Engagement wurde das gesellschaftliche Leben in Halberstadt doch von einem Geist erfüllt, mit dem es gelang, zumindest örtlich und regional in der ehemaligen DDR eine Art Mikroklima zu schaffen, das – von wenigen Ausnahmen abgesehen – in anderen Städten und Regionen so nicht zufinden gewesen sein dürfte. Es bleibt festzustellen: D i e eine DDR gab es nicht, denn vieles hing von den aktiven Persönlichkeiten vor Ort und ihrem humanistischen Verständnis einer gerechten individuellen Bildungs-, Lebens- und Entwicklungschance ab und davon, welch günstiger Boden dafür bereitet werden konnte. In diesem Kontext entstanden und konnten sich die zahlreichen kulturellen Aktivitäten in Halberstadt entwickeln. Und viele der in dieser Atmosphäre gebildeten Jugendlichen gehörten zu den aktiven Mitgestaltern der friedlichen Wende von 1989.

Kunst und Kunstfragen sowie Künstler und ihr künstlerisches Schaffen wurden zu systemrelevanten staatspolitischen Problemfällen stilisiert, die auf höchster Ebene der Staats- und Parteiführung der DDR reglementiert werden sollten. Die Diktatur des Proletariats war auch eine Diktatur der erwünschten Kunstansichten und der von oben durchzusetzenden Kulturdoktrin, die als Kampagnen über die Medien, gesellschaftlichen Organe und staatlichen Einrichtungen als opportune Ausrichtung dogmatisch forciert wurden.

Nach dem Mauerbau am 13. August 1961 und mit dem im selben Jahr stattgefundenen 14. Plenum des ZK der SED setzte eine gewisse Phase der Liberalisierung in der Kultur- und Jugendpolitik in der DDR ein, auch wenn Formalismus, Ästhetizismus, Konstruktivismus u.dgl. weiterhin als bürgerlich-dekadente Schreckgespenster des sozialistischen Realismus und damit in der DDR-Kunst verpönt blieben. Doch immerhin forderte Walter Ulbricht geistige Freiheit für die Jugend statt »*spießbürgerliche Musterknaben*«. Diese Wegweisungen der geistig-ideologischen Lockerungen wurden auf dem VI. Parteitag der SED 1963 zunächst noch einmal bestätigt. Kunst wurde eingeordnet als Aufgabe zur Befriedigung der kulturellen und materiellen Bedürfnisse des Volkes und ihre besondere Rolle war die Heranbildung sowie »*geistige Formung des Menschen der sozialistischen Gesellschaft und die Entwicklung der sozialistischen Nationalkultur*«. Sie sollte eine »*Kultur des realen Humanismus, eine echte Volkskultur*« sein.[1]

Am 24. und 25. April 1964 folgte die 2. Bitterfelder Konferenz, auf der die ideologischen Zügel zur Einhaltung der Normierung des sozialistischen Realismus im Kunstschaffen der Moderne wieder gestrafft wurden und die For-

---

1 Protokoll der Verhandlungen des VI. Parteitages der SED, Bd. 4, Berlin 1963, S. 384.

derung erhoben wurde, dass sich die Künstler stärker als Volksbildner und Volkslenker verstehen sollten.

Von der durchaus euphorischen Aufbruchstimmung jener Jahre zeugen u.a. das Deutschlandtreffen der Freien Deutschen Jugend zu Pfingsten 1964 in (Ost-)Berlin und der neu geschaffene Jugendsender DT64 (Deutschlandtreffen 1964), der bestehen bleiben darf und populäre Jugendmusik, Beat und Rock'n'Roll sendet. Zahlreiche Bands gründen sich, die diese Musik eines neuen Jugendgefühls nachspielen und mit eigenen Stücken bereichern.

In dieser liberalen Periode der Jugend- und Kulturpolitik beschloss der Kreistag von Halberstadt 1965 den Aufbau eines schulischen Jugendstreichorchesters als Pendant zum bereits bestehenden Jugendblasorchester. Die Musikbegeisterung war allenthalben und auch für die neuen Stilrichtungen bedurfte es einer soliden musikalischen und instrumentalen Grundausbildung. Hinzu kam, dass Halberstadt als Kreisstadt über keine Musikschule verfügte. Argumentativ wurde Bezug genommen auf die Forderungen des »*Bitterfelder Weges*« zur Hebung des allgemeinen Kulturniveaus des werktätigen Volkes.

Mitten in die Aufbauphase des Jugendstreichorchesters platzte im Dezember 1965 das 11. Plenum des ZK der SED, das als »*Kahlschlagplenum*« in die Geschichte der DDR eingehen und letztlich – ganz entgegen der intendierten ideologischen Absicht – die auf den November 1989 zulaufende politische Krisenentwicklung der DDR forcieren sollte. Machtkämpfe hatten im ZK der SED eingesetzt und Erich Honecker sammelte die Ulbricht-Opposition um sich.

Die Beat- und Rockmusik wurde als verderblich für die Jugend ausgemacht, der man den Kampf als westliche Infiltration ansagen musste. Nicht nur der aus dem sozialistischen Kollektiv ausbrechende Individualismus und die starke Affinität der Jugendlichen zu dieser neuen Musikrichtung bereitete den marxistischen Gesellschaftsstrategen größte Sorgen, sondern auch, dass sich daraus eine Grundhaltung zum Leben und umfassende Jugendkultur bis hin zu Kleidung, Haarfrisur und non-konformistischer Einstellung entwickelte.[2]

---

2 Siehe: Michael Rauhut, DDR-Beatmusik zwischen Engagement und Repression, in: Günter Agde (Hg.), Kahlschlag. Das 11. Plenum des ZK der SED 1965. Aufbau Taschenbuch Verlag Dokument und Essay: Berlin 1991, S. 52–63.

Rüdiger Pfeiffer

Die von der Partei- und Staatsführung proklamierte sozialistische Vergesellschaftung und künstlerischer Darstellung der realen Alltags- und Erlebniswelt, die dem Individualismus und einer damit vorgeblich einhergehenden *»sozialistischer Entfremdung«* Vorschub leistete. Die Hardliner in der Parteiführung setzten sich durch und die Restriktionen sollten über den Staatsapparat und die gesellschaftlichen Organe umgesetzt werden. Doch auch hierbei gab es viele weitsichtigere und intelligentere Kulturmitarbeiter und Staatsfunktionäre, die mit klugem Geschick agierten und bspw. offiziell die Beat-Gruppen aus dem Kulturhaus hinauswarfen, um sie als Gitarren-Band unter der aufgehenden Sonne der Freien Deutschen Jugend wieder hereinzuholen.

Dennoch waren die kulturpolitischen Sanktionen verheerend, aber auch für die Partei- und Staatsführung selbst, die prinzipiell ihr Image und das Restvertrauen großer Bevölkerungsteile nunmehr im Wesentlichen verloren hatte. Das Unbehagen in der Gesellschaft wuchs. Beat-, Rock und weitere Jugendmusikgruppen wurden mit Auftrittsverboten belegt und es wurde eine staatliche Spielerlaubnis als Kontrollinstanz eingeführt.[3]

Fast eine ganze Spielfilm-Jahresproduktion der DEFA durfte nicht gezeigt werden. Bücher und Theaterstücke kamen auf den Index, Schriftsteller und Dramatiker, Lyriker, Regisseure, Maler, Musiker und Komponisten sollten für *»ideologische Verwilderung«* und Anarchie in der sozialistischen Gesellschaft verantwortlich gemacht werden. Erich Honecker benannte bspw. schon zu diesem Zeitpunkt den Liedermacher Wolf Biermann und den Systemkritiker Robert Havemann als Dissidenten, und Walter Ulbricht brach in seine medienbekannt gewordenen Worte aus, die allerdings auch seine eigene mentale Unsicherheit in diesen Fragen zum Ausdruck bringen: *»Ist es denn wirklich so, dass wir jeden Dreck, der vom Westen kommt, kopieren müssen? Ich denke Genossen, mit der Monotonie des Yeah, Yeah, Yeah und wie das alles heißt, sollte man doch Schluss machen«*.[4] Auch der europäische Westen und insbesondere die Politik der alten BRD hatten ihre Probleme mit der Einordnung der die Jugend begeisternden Beatles-, Rock- und beginnenden Disco-Musik sowie der zeitgenössischen Moderne. Doch weder das eine noch das andere staatspolitische System konnte die nachfolgenden Entwicklungen und politischen Auseinandersetzungen aufhalten – das Jahr 1968 mit Prager Frühling und Studentenunruhen stand noch bevor. Und die

---

3 Anordnung Nr. 2 über die Ausübung von Tanz- und Unterhaltungsmusik vom 1. November 1965, in: Gesetzblatt DDR, Tl. 2, Berlin, 15. November 1965, S. 777.
4 Zit. nach: Peter Köhler (Hg.), Die schönsten Zitate der Politiker. Humboldt Verlags GmbH: Baden-Baden 2005, S. 186.

Musikentwicklung und Musikbegeisterung der Jugend in Ost und West ließ sich erst recht nicht eindämmen.

Gleichwohl bildeten sich auch in der DDR zahlreiche Beat-, Rockmusikgruppen und selbstverständlich auch in Halberstadt und Umgebung, in denen u.a. auch Mitglieder des Jugendstreichorchesters, wie bspw. Jens Loose, und des Schülerkreises von Herta Rennebaum mitwirkten, wie z.B. Anke Lautenbach, die später Rock-Pop-Music studierten und große Erfolge feierten.

Die zweite Halberstädter Gründung eines Jugendorchesters nach dem Jugendblasorchester von 1961 fiel also in eine kulturpolitsch brisante Zeit. Über die Abteilung Volksbildung beim damaligen Rat des Kreises Halberstadt wurde einerseits die Organisation zu den Schulen und andererseits die Bereitstellung der Finanzen für die Orchesterprojekte geregelt. Über die Abteilung Kultur war ein Kooperationsvertrag mit dem Volkstheater Halberstadt geschlossen worden, das eine Art Patenschaft über das junge Ensemble übernahm und mit den Orchestermusikern den Unterricht gewährleistete.

Viel Geld wurde investiert. Musikinstrumente wurden angeschafft: Halbe Geigen und Drei-Viertel-Celli für die Kleineren, Vier-Viertel-Größen an Geigen, Bratschen, und Celli sowie Kontrabässe für die schon etwas Größeren. Meistens mussten sie auch noch spielbar gemacht werden, also der Steg korrekt aufgesetzt werden, neue Saiten aufgezogen werden, die Streichbögen in Ordnung gebracht werden. Kurz vor Weihnachten war es dann soweit: Die Eltern, die Schülerinnen und Schüler der Marx-Engels-Schule waren informiert worden, dass ein Streichorchester aufgebaut werden soll. Vor allem waren die 5. und 6. Klassenstufe angesprochen. Wenn die Kinder interessiert waren und die Eltern ihr Einverständnis gegeben hatten, ging es an die Auswahl der Instrumente. Nun begann die Qual der Wahl: Welches Instrument ist das richtige? Wieviel und wie oft muss man üben? Wie gestaltet sich der Instrumental-Unterricht? Wer sind die Instrumentallehrer? Die Spannung und die freudige Erwartung wuchsen ins Unermeßliche. Im Nachhinein mutet es durchaus etwas kurios an, mit welchen Vorstellungen manchmal das Musikinstrument als das passende ausgewählt wurde.

Die ersten Unterrichtsstunden und gemeinschaftlichen Proben fanden in den Winterferien 1966 statt und wurden zu diesem Zeitpunkt noch von Hans Hasselmann, dem Ensembleleiter des Jugendblasorchesters, durchgeführt. Doch schon bald gesellte sich mit Rolf-Reinhart Loosee in junger, dynamischer und hochengagierter Musiklehrer hinzu, der nicht nur ein genialer Klavierspieler war, sondern auch noch über große Erfahrungen im Orchesterdirigieren und im Umgang mit Streichinstrumenten verfügte. Musikdirektor Hans Auenmüller vom Theater hatte ihn schon des Öfteren als Chordirigent von Opern-Vorstellungen an das Große Haus geholt. Somit war er mit den Musikern des Theaterorchesters bestens vertraut, die im Rahmen einer Patenschaft des Volkstheaters Halberstadt den instrumentalen Einzelunterricht übernommen hatten.

Insbesondere aus der Anfangszeit des Orchesteraufbaus sind als Lehrer vom Halberstädter Theater zu nennen: Horst Junkel – Violine, Helmut Radonz – Violine, Gerhard Strauch – Violine, Wolfgang Sellmann – Violine, Wolfgang Beinroth – Viola, Rudolf Fritzsch – Violoncello.

Die erste Orchesterprobe mit Rolf-Reinhart Loose als Dirigent fand am Donnerstag, dem 13. Oktober 1966, in der Marx-Engels-Schule statt. Es pendelte sich ein, dass für die jungen Instrumentalisten in jeder Schulwoche drei Mal nachmittags Musik zum beherrschenden Thema wurde und viel der Freizeit beanspruchte.

Bernd Moczko • Rüdiger Pfeiffer

Noch im selben Jahr erfolgte ein erster Auftritt des jungen Ensembles: Zwei Musikstücke wurden in der Aula der Käthe-Kollwitz-Schule zu Beginn der dort stattfindenden Kreistagssitzung vor den Abgeordneten gespielt, damit sie ein Resultat ihres Kreistagsbeschlusses zu hören bekommen sollten.

Regelmäßig trafen sich anfangs etwa 20 bis 30 und ab 1970 bis zu 80 junge Instrumentalisten zum Orchestermusizieren. Mit der Orchestergründung stießen auch schon ältere musikinteressierte Schülerinnen und Schüler dazu, die zum einen an den ersten Pulten Leitungsfunktionen wie Konzertmeister und Stimmführer einnehmen konnten und zum anderen die Jüngeren anleiten konnten. Zu diesem Kreis gehörten u.a. an den Pulten der Ersten und Zweiten Violinen Gabriele Auenmüller, Reinhard Moczko und Burkhard Goethe. Die Instrumente Viola, Violoncello und Kontrabass sowie späterhin Holzbläser wie Querflöte, Oboe und Fagott mussten aus den eigenen Reihen der Anfänger herangebildet werden. Die Klassenstufen an der Marx-Engels-Schule wurden in Spezialklassen gegliedert, da auch eine besondere Sportförderung erfolgte. Die A-Klassen waren als Allgemeine Klassen eingerichtet, die B-Klassen für die Sportler und die C-Klassen für die Musiker. Die Klas-

Musikklasse 7c der Polytechnischen Oberschule »Marx-Engels« Halberstadt
Aufnahme vor den Sommerferien 1968 mit der Deutschlehrerin
und Klassenleiterin Dorothea Priddat

senstärken bewegten sich in jener Zeit bei durchschnittlich 36 bis zum Teil sogar über 40 Schülern.

Vorbild für die spezielle Förderung gab auch die im benachbarten Wernigerode seit 1951 existierende chorische Spezialausbildung an der Erweiterten Oberschule (EOS) »Gerhart-Hauptmann« mit dem renommierten Rundfunkjugendchor unter der Leitung von Prof. Dr. Friedrich Krell, dem heutigen Landesmusikgymnasium für Musik Wernigerode. Dort wurden ebenfalls 1964 Spezialklassen für Musik aufgebaut. Der vokalen schulischen Ausbildung in Wernigerode sollte eine instrumentale Spezialausbildung in Halberstadt adäquat an die Seite gestellt werden.

Speziell der Musikunterricht war intensiv ausgebaut worden. Rolf-Reinhart Loose wurde von der Friedensschule an die Marx-Engels-Schule geholt und gab in den Spezialklassen Musik und Geschichte. Im Musikunterricht wurden musikgeschichtliche Grundlagen vermittelt, Noten-, Form- und Harmonielehre gelehrt, es wurden Notendiktate nach Gehör und erste Kompositionen mit Thema und Variationen geschrieben. Die eigenen Kompositionen wurden dann auf den jeweiligen Instrumenten im Unterricht musiziert.

Kleine Musikanten ganz groß

Es gibt wohl kaum einen Nachmittag, an dem die Jungen Pioniere und Schüler der Marx-Engels-Oberschule sich nicht in ihrer Freizeit in der Schule treffen, um dort frohe Stunden zu verleben. Die Mädel und Jungen an dieser Schule lieben besonders die Musik. Wohl ohne zu übertreiben darf man sagen, Musik ist Trumpf an der Marx-Engels-Oberschule in Halberstadt. An vielen Veranstaltungen sahen nicht nur die Bürger unserer Stadt das Pionier-Blas- und Sinfonieorchester dieser Schule. Überall, wo die kleinen Musikanten auftauchten, erfreuten sie die Zuhörer und gaben einen Einblick in ihr musikalisches Können.

Heute zählt das Blasorchester zu den Besten im Bezirk, und auch im Republik-Maßstab kann es sich sehenlassen. Die Einsätze des jungen Orchesters beweisen, daß man gern auf die Halberstädter Mädel und Jungen zurückgreift.

Verdienste bei der Entwicklung des Orchesters hat sich der Genosse Hans Hasselmann erworben. Er verstand es, mit viel Mühe ein Orchester aufzubauen, das ständig um hohe Leistungen ringt.

Doch auch das Sinfonieorchester dieser Schule, es besteht jetzt ein Jahr, ist zu einem guten Klangkörper herangereift. Der musikalische Leiter, Musiklehrer Rolf Loose (rechts oben im Bild), hat in dieser Zeit die kleinen Musiker zu ansprechenden Leistungen herangebildet. Stolz sind die Mädel und Jungen darauf, daß sie bereits bei Jugendweihe-Veranstaltungen auftreten konnten.

Noch sind in diesem Orchester einige Plätze frei, und Mädel und Jungen, die gern in dem Sinfonieorchester mitwirken wollen, sind herzlich willkommen. Auch aus anderen Schulen.

Aber was wären diese beiden Orchester der Marx-Engels-Oberschule ohne die 15 Musiker des Halberstädter Volkstheaters. In lobenswerter Weise setzen sich die Musiker für die Kleinen ein und stehen ihnen mit Rat und Tat zur Seite. An Übungsnachmittagen sind die Kollegen vom Theater zur Stelle und leiten die kleinen Musiker an. Wir trafen Herrn Fritsch (Bild Mitte), als er gerade den jungen Musikern Ratschläge und Hinweise gab. An jenem Übungsnachmittag hatten zahlreiche Mädel und Jungen Unterricht bei ihm, und sie lernten ihre Instrumente zu beherrschen.

Beide Orchester der Schule bereiten sich auf große Ereignisse vor. Jetzt wird bereits damit begonnen, ein Estradenprogramm einzustudieren, das zum 50. Jahrestag der Großen Sozialistischen Oktoberrevolution aufgeführt werden soll. Die Künstler vom Volkstheater helfen den Mädeln und Jungen dabei sehr großzügig. Auch bei dem großen Pfingsttreffen der Jugend in Karl-Marx-Stadt werden die Halberstädter kleinen Muisker mit von der Partie sein. Bis dahin gilt es jedoch noch viel zu lernen. Nur die Übung macht den Meister. Ganz sicher wird der bevorstehende 1. Mai eine Generalprobe sein.

Mit Fug und Recht darf man sagen, daß in der Marx-Engels-Oberschule Musik ganz groß geschrieben wird. Hier haben die Pädagogen eine Freizeitgestaltung geschaffen, die vorbildlich für alle anderen Schulen ist.

Die Mädel und Jungen sind begeistert von ihren beiden Orchestern und werden in Zukunft mit Leistungen aufwarten, die bestimmt bei allen Bürgern eine große Resonanz hervorrufen.

Den jungen Musikern darf man an dieser Stelle viel Erfolg in ihrer weiteren Arbeit wünschen.

Aufn./Text: H.-W. E.

Violoncello-Unterricht bei Rudolf Fritzsch
Sibylle Strathmann • Bernd Moczko

Volksstimme-Beitrag, 1967
Gabriele Auenmüller • Monika Fechner • Heidemarie Baumeier • Bernd Moczko
Rüdiger Pfeiffer • Rolf-Reinhart Loose

Besuch aus der CSSR

Überrascht waren die kleinen Musiker der Marx-Engels-Oberschule Halberstadt, als an einem Übungsnachmittag Musik-Pädagogen aus der CSSR ihnen einen Besuch abstatteten. Die Gäste aus der CSSR waren sehr beeindruckt von den Leistungen der Pioniere und Schüler des Blas- sowie Sinfonie-Orchesters der Schule. Die kleinen Musiker ließen sich keinesfalls während der Probe aus der Ruhe bringen, sie waren mit Feuereifer bei der Sache. Die Bläser (Bild oben) stießen mächtig „ins Horn". Man merkte es den jungen Musikern an, sie sind gewöhnt, vor einem großen Publikum zu spielen. Das Lampenfieber ist schon etwas abgeklungen.

Einer der Gäste aus der CSSR ließ es sich nicht nehmen, die jungen Musiker mit einigen Darbietungen zu erfreuen. Es ist sicher, daß aus den Reihen des Pionier-Blas- und Sinfonie-Orchesters auch einmal Musik-Pädagogen heranwachsen. Natürlich muß man bis dahin noch sehr viel lernen. Aber Übung macht den Meister. Und wer, wie unser kleiner Geiger (Bild unten links), so bei der Sache ist, der wird es bestimmt zu etwas bringen.

Aufn./Text: e

Die Jugendorchester Halberstadt fanden in der Bevölkerung außerordentlich großen Anklang. Stadtbekannte Persönlichkeiten unterstützten insbesondere das Jugendstreichorchester auf jede erdenkliche Weise. Zu ihnen gehörte bspw. Sanitätsratsrat Dr. med. Wolfgang Lenz, dessen Musikbegeisterung ebenso legendär war wie seine medizinischen Verdienste. Er war auch bekannt als »*der singende und pfeifende Doktor*«.[5] Er engagierte sich für den Oratorienverein, das Theater- und Musikgeschehen und war mit Gründung des Jugendstreichorchesters Halberstadt ein begeisterter Fürsprecher, was sich auf das medizinische Personal der Poliklinik und des Krankenhauses St. Salvator sowie die Apothekerinnen und Laborantinnen ebenso übertrug wie auf die Patienten. So stehen in der Nachfolge des Engagements für ein pulsierendes Kulturleben in Halberstadt u.a. das Arzt-Ehepaar Dr. Peter und Dr. Lore Andrusch, der Chirurg Dr. Werner Schneider, die Mediziner Dr. Hans-Albert Kolbe und Dr. Henry Rößler, die Augenärzte Dr. Prell und Dr. Helmut Gaßler, Zahnärztin Dr. Erika Schubert, die HNO-Ärzte Dr. Martin Podzun und Dr. Wagner.

Sowohl die Halberstädter Lehrerschaft als auch die ortsansässigen Künstler sowie die Wissenschaftler des Städtischen Museums und des Literaturmuseums Gleimhaus Halberstadt, die evangelische und katholische Geistlichkeit, Pfarrer und ihre Kirchengemeinden sowie die Kirchenmusiker u.v.a.m. unterstützten die musikalischen Ambitionen der Jugendlichen des Orchesters. Die Jugendorchester und vor allem das schulische Jugendstreichorchester waren etwas Besonderes und Herausragendes nicht nur in der Halberstädter Kulturszene jener Jahre. Und vor allem: So etwas war möglich auch zu Zeiten der DDR-Kulturdoktrin. Ohne auf Vollständigkeit auch nur annähernd zielen zu können, seien stellvertretend für die vielen Förderer und Unterstützer genannt: Die Pfarrer Goethe und Gabriel, Superintendent Schreiner, Dr. Horst Scholke, Gerlinde Wappler und Karl-Otto Schulz, Dr. Adolf Siebrecht, der Künstler und nach 1990 Ehrenbürger und Präsident des Halberstädter Stadtparlaments Johann-Peter Hinz, die Druckereien von Wolfgang Koch und Heinz Lüders, zugleich Halberstadts singender Barde, sowie der Historiker und Ehrenbürger Halberstadts Werner Hartmann.

Doch ohne die Rückendeckung von Abgeordneten und intelligenten zukunftsorientierten Funktionären aus den Amtsstuben wie Christel Waldhaus, Mitglied des Rates des Kreises für Kultur, Kreisschulrat Ludwig Dannhauer,

---
5 Siehe: Werner Hartmann, 100 Halberstädter Histörchen und andere Begebenheiten, Verlag Neues Halberstadt 2005.

Siegfried Olm, Referent für außerschulische Erziehung, Abteilung Volksbildung u.v.a., die mit kluger Unterstützung zur Seite standen, wäre eine derartige musikalische, kulturelle und pädagogische Erfolgsgeschichte nicht möglich gewesen.

Da auch das Jugendblasorchester für seine Proben Zeiten und Räumlichkeiten benötigte und quasi ältere Rechte hatte, erhielt das Jugendstreichorchester im Schuljahr 1970/71 ein neues Domizil an der in unmittelbarer Nähe gelegenen Käthe-Kollwitz-Schule, dem heutigen Käthe-Kollwitz-Gymnasium. Die Tradition dieser Schule reicht bis ins Gründungsjahr 1822 als »Höhere Töchterschule« und schon allein der Schulbau atmete Geschichte. Das repräsentative Gebäude war 1911/12 im neobarocken Stil als »Lyzeum« in einer großen Parkanlage errichtet worden, lichtdurchflutet und sehr großzügig angelegt. Hier fand das Jugendstreichorchester im Dachgeschoss hervorragende Bedingungen für die Probenarbeit und Unterrichtstätigkeit. Neben einem großen Probenraum gab es noch eine Instrumentenkammer mit dem Notenarchiv und weiteren Utensilien. Geradezu ideal war die große repräsentative Aula mit einer den Raum durchmessenden Bühne und einer Empore im Zuschauerbereich und einer guten Akustik. So konnten Konzerte und Festveranstaltungen in einem würdigen Ambiente stattfinden.

In den 30 Jahren seines Bestehens haben gut 200 Kinder und Jugendliche ein Instrument in der Hand gehabt.[6] Die Orchestermitglieder kamen nicht nur von der Käthe-Kollwitz-Schule, an der das Jugendstreichorchester angesiedelt war, sondern auch von anderen Schulen im Stadtgebiet, wie bspw. von der Erweiterten Oberschule »Bertolt Brecht«, von der Anne-Frank-Schule, von der Fucik-Schule. Viele der Orchestermitglieder wechselten mit der 8. Klasse, manche mit der 11. Klasse – dieser Bildungsweg eröffnete sich ab 1969 – zur Erweiterten Oberschule, dem heutigen Gymnasium Martineum, um das Abitur als Hochschulreife zu erlangen und später ein Studium aufzunehmen. Gut die Hälfte aller Orchestermitglieder hat ein akademisches Studium absolviert und davon wiederum etwa ein Drittel ein Musik- bzw. kunst- und kulturbezogenes Studium, gefolgt von den Medizinern und Pädagogen. Die intensive musikalische Betätigung bereits in jungen Jahren hat bei allen Musikanten zu guten, sehr guten und ausgezeichneten schulischen Leistungen geführt.

---

6 Vgl. in der BRD die Bundesinitiativen »*Jedem Kind ein Instrument*«, »*Initiative Musik*« u.a.

Der Umgang mit einem Musikinstrument erfordert Lernbereitschaft, Leistungswille und Zielstrebigkeit, Überwindung eigener Trägheit, Charakterstärke und Eigendisziplin sowie Strukturiertheit, Fantasie und Kreativität sowie Einfühlungsvermögen neben der mikromuskularen Kinästhetik und nervalen Feinmotorik. Aus Studien kann inzwischen als erwiesen gelten, dass sich auch die Gehirnstruktur und die neuronalen Verästelungen sowie synaptischen Kontakte wesentlich profilierter ausprägen.

Gemeinschaftliches Musizieren im Orchesterverband fördert Pünktlichkeit und Einhalten von Absprachen, stete Aufmerksamkeit und Beobachtungsgabe, soziales Aufeinandereingehen und Einpassen in die Gemeinschaft mit der übertragenen instrumentenspezifischen Aufgabe, Vorhören, Mithören und Nachhören der produzierten Klänge und Anpassung des eigenen Instrumentenspiels an das Spiel der anderen und vor allem natürlich an die Vorgaben des Dirigenten. Hinzu kommen erweiterte emotionale Erfahrungen und Empathie-Verhalten sowie die Entwicklung abrufbereiter struktureller und formaler Analyseverfahren.

Es sind also äußerst komplexe und komplizierte motorische, nervale und neuronale sowie soziale Muster und Interaktionen zu erlernen bzw. zu beherrschen, wobei viele komplexe Aktionen ablaufen und quasi gleichzeitig ausgeübt werden müssen.

Die Schüler trafen in jenen Jahren auf eine sehr verständnisvolle Lehrerschaft, die den Gedanken der musischen Freizeitbeschäftigung unterstützten. Zumeist waren es in jener Zeit Lehrkräfte, die den Zweiten Weltkrieg und das zerstörte Halberstadt erlebt hatten und kurz vor der Pensionierung standen oder eben wirklich herausragende Lehrer ihres Faches aus der alten Schule der frühen DDR-Ausbildung, die einen Top-Unterricht machten. Und es waren nicht wenige der Lehrerinnen und Lehrer, die im Stile der *»Feuerzangenbowle«* irgendeine kleine Marotte hatten, die sie bei aller Leistungsforderung in gewisser Weise durchaus liebenswürdig machten.

Viele Orchestermitglieder wechselten nach der 8. Klasse auf die zum Abitur führende EOS *»Bertolt Brecht«*. Die Leistungsanforderungen waren hoch, aber das gehört nun einmal zum Erwerb der Hochschulreife. Dennoch wurde darüber hinaus viel in der außerschulischen Unterrichtszeit unternommen. Zusätzlich gingen zahlreiche Schüler – darunter viele Mitglieder der Jugend-Orchester – zu Arbeitsgemeinschaften, bei denen es um die Erweiterung der fachlichen Kompetenz auf Spezialgebieten ging.

Direktor Helmuth Götze, der im Zweiten Weltkrieg seinen rechten Arm verloren hatte, hielt ebenso wie sein Stellvertreter Herr Bürger oft genug Unannehmlichkeiten von der Schule ab. Sein Literatur-Unterricht, seine Vorträge und Festreden gehörten zum Exzellentesten, was Halberstadt seinerzeit aufzubieten hatte. Als Raucher notierte er seine Stichpunkte fast immer auf einer Zigarettenschachtel und verstand es, so vorbereitet, durchaus zwei Stunden substantiell und fesselnd einen Vortrag zu halten. Obligatorisch mussten auch die üblichen gesellschaftlichen Organisationen sein, wobei sich der politische Druck jedoch glücklicherweise in Maßen hielt, da Fachkompetenz im Vordergrund stand.[7]

Lediglich Musiklehrer Hans Knoppe hatte es nicht ganz einfach. Da alle mit Musik verbundenen Schüler aufgrund ihrer Proben völlig ausgelastet waren, konnte an der EOS kein festes Musik-Ensemble aufgebaut werden. Für die musikalische Gestaltung von Feierstunden konnte er sich jedoch stets auf die Mitglieder des Jugend-Streichorchesters, des Jugend-Blasorchesters oder Schüler der Halberstädter Klavierpädagogen Frl. Herta Rennebaum, Frau Sander und Herrn Gerhard Zierau verlassen.

Die Orchesterproben mit Rolf-Reinhart Loose waren wesentlich mehr als lediglich ein musikalisches Miteinander. Er verstand sich bei aller musikalischer Professionalität auch immer als Pädagoge, als Erzieher, und als Wissensvermittler, dem die gediegene humanistische Bildung seiner Schüler am Herzen lag. So wurde neben den instrumentaltechnischen Notwendigkeiten wie Auf- und Abstrich, Bindebogen, Staccato, Vibrato etc. selbstverständlich etwas vermittelt zu den jeweiligen Komponisten, zu den Musikstilen, zur Zeitepoche und zur Interpretation.

Mit seiner pädagogischen Ader konnte er Jugendliche anspornen und vollauf begeistern. Flotte Sprüche hatte er immer auf Lager und es gibt keine Erinnerung an irgendeine miesepetrige Laune. So machte es immer wieder Freude zur Probe zu gehen, auch wenn mal etwas nicht so gut geklappt hatte. Wie bei den großen Profi-Orchestern gab es Konzertmeister, Solisten und Vorspieler und es wurden Stimmproben nach Instrumentengruppen abgehalten. Hierbei erhielten die Großen die Verantwortung, alle Stimmen für die Mitspieler einzurichten und das gemeinsame Spiel in der Gruppe mit den Jüngeren zu üben.

---

[7] Vgl. auch ähnliche Ansichten weiterer Schüler z.T. aus anderen Zeiten: http://www.stayfriends.de/Schule/Halberstadt/Gymnasium/Gymnasium-Martineum-S-I4L-S (Zugriff: 12.1.2015).

30 Jahre Jugend-Streichorchester Halberstadt

Schüler der 10. Klasse • letzter Schultag an der Marx-Engels-Schule, Sommer 1971

Eine besondere Würdigung des eigenen Instrumentenspiels war es natürlich, wenn ein Solostück gemeinsam mit dem Orchester musiziert werden durfte.

Der jugendliche Enthusiasmus war so groß, dass viele Schülerinnen und Schüler fast regelmäßig bereits zur sogenannten 0. Stunde, also wirklich zur *»Nullten Stunde«* vor dem eigentlichen Unterrichtsbeginn, mit ihrem Instrument in die Schule kamen, um zu üben – und Rolf-Reinhart Loose war auch meistens schon anwesend, obwohl er garantiert bis spät in den Abend zuvor wieder einen seiner vielen Chöre dirigiert hatte.

Der Montag Nachmittag war dem Einzelunterricht bei den Instrumentallehrern vom Halberstädter Theater vorbehalten. Später kamen mit steigender Mitgliederzahl im Jugendstreichorchester auch andere Tage hinzu. Dann folgten in der Regel zwei Orchesterproben mit durchschnittlich anderthalb, und wenn es Spaß machte auch zwei Stunden. Hinzu gesellte sich das häusliche Üben und der jeweilige Schulweg, der in Halberstadt je nach Größe des zu transportierenden Instruments fast ausschließlich zu Fuß und nur mit wenigen Ausnahmen per Fahrrad oder Moped bewältigt wurde, aber mit durchschnittlich etwa 20 Minuten anzusetzen sein dürfte. Nach den Schulstunden ging man im Regelfall nach Hause und dann noch einmal von dort zur Käthe-Kollwitz-Schule. Ein Mitglied des Jugend-Streichorchsters war demnach in seiner Freizeit – abgesehen von der noch zu bedenkenden physischen Belastung – durchschnittlich etwa 7 bis 8 Zeitstunden in der Woche für die Musik unterwegs. Zu addieren wäre noch die tägliche Übezeit am Instrument zu Hause, die sicherlich immer sehr individuell gewesen sein dürfte. Überdies sind noch die zahlreichen musikalischen Auftritte zu unterschiedlichsten gesellschaftlichen Anlässen in Halberstadt und im Umkreis einzurechnen. Und dennoch – oder gerade deswegen – wurden die Schulabschlüsse zumeist mit Bestnoten erzielt.

Die gesamte Ausbildung am Musikinstrument, der instrumentale Einzelunterricht und das Orchesterspiel sowie die Orchesterlager wurden völlig kostenfrei ermöglicht.[8] Ebenso wurden die Musikinstrumente kostenfrei zur Verfügung gestellt, gewartet und im Bedarfsfall vom Geigenbauer repariert, die Saiten wurden zur Verfügung gestellt und die Streichbögen mit den erforderlichen Pferdehaaren bespannt. Die finanziellen Mittel kamen zum größten Teil von der Abteilung Volksbildung und der Abteilung Kultur beim Rat des Kreises Halberstadt, aber auch von den Patenbetrieben VEB Halberstädter Fleisch- und Wurstwaren (Halberstädter Würstchen), VEB Maschinenbau Halberstadt (Dieselmotorenwerk) und wohl auch vom Kulturbund der DDR, Kreisverband Halberstadt.

Bereits im Jahr 1973 hatte das Jugendstreichorchester einen Instrumentenfundus mit einem Gesamtwert von etwa 70.000,00 Mark der DDR, der ständig erweitert wurde.

Die Anlässe, zu denen das Jugendstreichorchester musizierte und die Zuhörer erfreute, waren vielfältig. Das konnte eine schulische Veranstaltung sein, eine Feierstunde, eine Zeugnis-Übergabe, eine Auszeichnungsveranstaltung, ein Senioren-Nachmittag, eine Festlichkeit der Stadt und des Kreises, Konzerte und und und … Es waren immer schöne Erlebnisse, vor allem, wenn die Freude der Zuhörer auf die jungen Musikanten übersprang.

---

8   Die Vergütung der Unterrichtsstunden der Instrumentallehrer richtetete sich nach der Honorarordnung des Ministeriums für Kultur der DDR (Honorarordnung für Leiter des künstlerischen Volksschaffens vom 25. Mai 1971; Honorarordnung Interpreten Musik und Theater). Je nach Qualifikation lag in jener Zeit der Satz für eine Unterrichtsstunde von 45 Minuten zwischen 9 und 12 DDR-Mark, in den 1980er Jahre etwas höher. Ein Vergleich zu heute ist aufgrund der unterschiedlichen politökonomischen Systeme und Lebenshaltungskosten kaum möglich: Ein Brötchen kostete in der DDR 5 Pfennige, ein Mischbrot 93 Pfennige und die Wohnungsmieten waren äußerst niedrig.

Lfd. Nr.	Bezeichnung des Grundstückes / Gegenstandes bzw. der Vermögensgruppe*)	Datum der Eintragung, Signum
1	2	3
1	Zeltausrüstung	Juli 73
2	4 Geigen: 26 mit Kasten u. Bogen ono. Schulterstütze / 10 ohne " " "	Dez. 73
3	3/4 Geigen: 17 mit Kasten u. Bogen / 2 ohne " "	Dez. 73
4	1/2 Geigen: 22 mit Kasten u. Bogen	Dez. 73
5	Viola: 8 mit Kasten, Bogen u. Schulterstütze	Dez. 73
6	Celli: 9 kompl. + 1 Nov. 74	Dez. 73
7	Bässe: 3 mit Hülle u. Bogen	Dez. 73
8	2 Fagotte (Hüller/Heller)	Dez. 73
9	Böhmflöte u. Waldhorn	Dez. 73 / Juni 74

Inventarliste 1973/74

Es wurde eine Orchesterkleidung angeschafft, die richtig vom Schneider angepasst wurde. Es war sicherlich nicht der alleredelste Stoff, denn er war durchaus etwas kratzig, beugte aber vor, falls jemand von den Oberen auf den Einfall gekommen wäre, dass die Musikanten Pionier-Kleidung bzw. FDJ-Hemden hätten anziehen sollen.[9] Die Mitwirkung im Jugend-Orchester entband in der Regel auch von der Mitwirkung bei ansonsten obligatorischen FDJ-Nachmittagen, für die sowieso keine Zeit blieb – dafür sorgte Rolf-Reinhart Loose schon.

Obwohl es »von oben« nicht gern gesehen war, führte Rolf-Reinhart Loose seine Schüler in den Dom, so dass in der besonderen Akustik des wei-

---

9 Der Autor sollte 1979 als Student der Musikwissenschaft von der Martin-Luther-Universität Halle-Wittenberg relegiert werden, weil er bei einem akademischen Festakt die Beethoven-Sonate für Violoncello und Klavier A-Dur op. 69 nicht im FDJ-Hemd, sondern im schwarzen Anzug gespielt hatte. Es war vor allem der Fürsprache von Prof. Dr. Walther Siegmund-Schultze, Prof. Dr. Siegfried Bimberg und Prof. Dr. Willi Maertens für einen ihrer Best-Studenten zu verdanken, dass das Studium fortgesetzt werden konnte.

ten Kirchenschiffes musiziert werden konnte. Gemeinsam mit KMD Hans Kühnemund weihten Orchestermitglieder die Orgel in der Winterkirche des Halberstädter Domes ein und durften mit seinem Nachfolger Domkantor Andreas Weber ganz hoch oben auf der Orgel-Empore musizieren. Die Orgel wurde erklärt und ein Stück mit Orgel musiziert. Anschließend ging es die Stufen zu den Kirchtürmen des Domes hinauf und der Blick konnte über Halberstadt bis zum Brocken und über den Huy hinweg in den Westen und in die Börde im Norden schweifen.

Höhepunkte waren unzweifelhaft die großen Jahres- und Jubliäumskonzerte in der Aula der Käthe-Kollwitz-Schule, nach der Fertigstellung auch im Klubhaus der Werktätigen und sogar im Großen Haus des Volksheaters Halberstadt, die jährlich stattfanden und zu den Jubiläen besonders prächtig ausgestaltet wurden. Im Vorfeld wurde viel geübt und die Spannung stieg. Vom Theaterorchester kamen Blech- und Holzbläser sowie die Pauken hinzu, so dass ein richtiges Sinfonieorchester auf dem Podium musizierte. Das war schon ein besonderes Gefühl und Erlebnis.

Mit den Musikern des Suske-Quartetts von der Staatskapelle Berlin hatte sich eine regelrechte Musiker-Freundschaft angebahnt, und den Spitzenmusikern war es eine große Freude mit uns zu musizieren. So konzertierte NPT Karl-Heinz Dommus von Anbeginn mit dem Jugendstreichorchester. Eines der Paradestücke wurde das Bratschenkonzert G-Dur des in Magdeburg gebürtigen Barock-Komponisten Georg Philipp Telemann, das damals noch relativ selten gespielt, aber dankbar aufgegriffen wurde, da die Solo-Literatur für Bratsche sehr überschaubar ist. Aber so wurde das Jugendstreichorchester Halberstadt zugleich zu einem Protagonisten der frühen Telemann-Pflege. Gemeinsam mit NPT Klaus Peters spielte Karl-Heinz Dommus von der Staatskapelle Berlin das Doppelkonzert von Stamitz und mit Konzertmeister Thorsten Rosenbusch auch die berühmte »*Concertante*« für Violine, Viola und Orchester in Es-Dur KV 364 mit dem Jugendstreichorchester. Diesmal noch dazu mit einem aus Halberstadt stammenden internationalen Stardirigenten: GMD Prof. Heinz Fricke, dem Rolf-Reinhart Loose dafür den Dirigentenstab überließ. Im freundschaftlichen Gegenzug wurde das Jugendstreichorchester Halberstadt nach Berlin in die Staatsoper Unter den Linden eingeladen.

Für die Mitglieder des Jugendstreichorchesters wurde im Sinne der Patenschaft des Theaterorchesters Halberstadt die Möglichkeit geschaffen, dass freigebliebene Plätze bei den Sinfoniekonzerten zur Verfügung gestellt wurden und später sogar eine Anzahl von Plätzen generell für die jungen Musikanten reserviert war. So konnten die großen sinfonischen und konzertanten Werke der Klassik, Romantik und Neuzeit mit herausragenden Konzertsolisten kennengelernt werden. Interessant war es auch, die Tätigkeit des Dirigenten und das Wechselspiel zwischen Orchester und Dirigenten zu beobachten. Dabei konnte viel abgeschaut und gelernt werden. Das betraf ebenso den Einzug des Orchesters und das Einstimmen der Instrumente wie das Auftreten von Dirigent und Solist bis hin zum Schlussapplaus und Verlassen der Bühne.

Viele Mitglieder des Jugendorchesters nahmen auch ein Premieren-Abonnement für das Musiktheater, um die Opern- und Operetten- sowie Musical-Aufführungen zu erleben. Die großen Domkonzerte vermittelten emotional bewegende Kantaten- und Oratoriendarbietungen und die Kammermusikreihe Stunde der Musik in der Dompropstei machte mit großartigen Solisten und Kammermusikensembles sowie den Perlen der solistischen und und kammermusikalischen Literatur bekannt. Zu den herausragenden Kammermusikabenden insbesondere der Zeit in den 1970er Jahren gehört der Gesamt-Zyklus aller Beethoven-Quartette anlässlich des Beethoven-Jahres mit dem Suske- später umbenannt in Berliner Streichquartett. Parallel zu der berühmten ETERNA-Schallplatteneinspielung standen die Beethovenschen Streichquartette in Halberstadt auf dem Programm. Und zuvor gab der Leiter der Kammermusikreihe, Musiklehrer Hans-Ulrich Sauer, im Klub der Intelligenz jeweils einen Einführungsvortrag.

Für viele wurden die Theater-Aufführungen, Konzerte und Kammermusikabende zu prägenden Schlüsselerlebnissen für das ganze Leben und für so manchen wurde die Musik gar zur Berufung, so dass ein Musikberuf daraus wurde, sei es als Musiklehrer für die Schule oder Musikpädagoge für die Musikschule, Sänger/in oder Tonmeister, Berufsmusiker/in oder Musikwissenschaftler.

Über die Orchesterarbeit hinaus nahmen einige Musikanten zusätzlich Klavierunterricht, zumeist bei Herta Rennebaum, oder auch Gesangsunterricht z.B. bei Kammersängerin Marie-Luise Lorenz, gefeierte Sopranistin am Halberstädter Theater. Es formten sich daneben Kammermusikgruppen, Klavier-Duos und -Trios, die von der Klavierpädagogin Herta Rennebaum im Zusammenwirken mit den jeweiligen Instrumentallehrern künstlerisch betreut wurden. Genannt seien Gabriele Auenmüller, Elisabeth Schreiner, Bernd Moczko, Ulrike Bohne, Rüdiger Pfeiffer, Gottfried Köhler und Bettina Schöniger. Neben der Einstudierung der Musikwerke standen bei ihr umfassende Informationen über Musikgeschichte, Komponisten- und Interpreten-Biografien sowie Werk-Rezeptionen und Musikästhetik im Mittelpunkt. Ein Mitschüler, der im selben Haus wie Herta Rennebaum wohnte, hatte einen Beat-Keller eingerichtet, so dass dorthin desöfteren ein Abstecher zum gemeinsamen Musizieren von Musiktiteln des anderen Genres unternommen wurde.

Die besten Instrumentalisten nahmen am Musik-Wettbewerb »*Junge Talente*« – dem Pendant zum westdeutschen »*Jugend musiziert*« – teil, sei es solistisch mit Klavierbegleitung, als Klaviertrio oder als Streichquartett, und konnten augezeichnete Ergebnisse sowie Weiterleitungen zu höher angebundenen Musik-Wettbewerben erspielen und sich mit den Besten aus den Musikschulen anderer Regionen messen.

Herausragende Schülerinnen und Schüler wurden von ihren Instrumentallehrern tatkräftig unterstützt. Sie wurden zu Auftritten der Profi-Musiker, sogenannten »*Muggen*« (musikalisches Gelegenheitsgeschäft), mitgenommen und durften das Ensemble verstärken. Wenn ein Musiker erkrankte und auf die Schnelle kein Ersatzspieler zu erreichen war, durften auch Mitglieder des Jugendstreichorchesters mitmusizieren. So konnte bspw. Rüdiger Pfeiffer häufig beim Theater-Quartett mit Horst Junkel und Gerhard Strauch – 1. und 2. Violine, Wolfgang Beinroth – Viola, für seinen Cello-Lehrer Rudolf Fritzsch den Part des Violoncellos übernehmen, lernte in der Quartett-Besetzung, dem »*Gespräch von vier vernünftigen Leuten*«, zu spielen und darüber hinaus zahlreiche Kammermusikwerke kennen.

Musikdirektor Hans Auenmüller und Kapellmeister Wolfgang Huth komponierten und arrangierten für das Jugendstreichorchester. Dabei verstanden sie es in bewundernswerter Weise, sowohl das spieltechnische Niveau des Schülerorchesters aufzugreifen als auch Herausforderungen für die Spielpraxis hineinzukomponieren und künstlerisch-ästhetisch anspruchsvolle Werke zu schaffen. Von den Kompositionen, die sich aus dem 1996 leider aufgelösten Notenfundus erhalten haben, sei erwähnt die dreisätzige *Sinfonie für Streicher in D* von Hans Auenmüller mit geteilten Streichern, melodiösen Kantilenen für jede Instrumentengruppe, Pizzicato-Effekten und einem grandiosen Finale.[10] Aus der Feder von Wolfgang Huth stammen die *Suite für*

---

10 Hans Auenmüller, *Sinfonie für Streicher in D*, hrsg. von Rüdiger Rüdiger im Auftrag der Internationalen Andreas-Werckmeister-Gesellschaft e. V. und Gesellschaft für Mitteldeutsche Musikgeschichte e. V., k.o.m. Musikverlag Frank Helfrich: Berlin 2013.

Streicher, die gleichfalls zu einem Lieblingsstück des Jugendstreichorchesters avancierte, sowie zahlreiche Arrangements von angesagten Operetten-, Musicals- und Pop-Songs der 1970er Jahre, mit denen das Orchester stets Furore machte. Die kompsitorische Maxime des Barock-Komponisten Georg Philipp Telemann »*Gib jedem Instrument das / was es leyden kan / so hat der Spieler Lust / du hast Vergnügen dran*«[11] wurde hierbei voll und ganz verwirklicht.

Heutigentags ist es durchaus angebracht, noch einmal zu erwähnen, dass Musiknoten, Partituren und Einzelstimmen, prinzipiell mit der Hand geschrieben werden mussten. Eine entwickelte und verfügbare Kopiertechnik gab es in jenen Jahren noch nicht. Es gab also keine Möglichkeit, ein Kopiergerät anzuschalten und eben mal schnell Noten neu komponierter oder arrangierter Werke zu vervielfältigen, denn Druckausgaben dieser Werke lagen nicht vor. Das bedeutete, dass auf den Notenpulten handgeschriebene Notenblätter lagen, die mit viel Aufwand und vor allem Zeit angefertigt werden mussten. Das Gros der handschriftlichen Notenblätter stammt aus der Hand von Rolf-Reinart Loose, später assistiert von Mitgliedern des Jugendstreichorchesters. Manchmal fand sich eine Gelegenheit, dass ein wohlgesonnener technischer Betrieb, wie bspw. das RAW (Reichsbahn-Ausbesserungswerk) oder der VEB Maschinenbau (Schiffsdieselmotoren), Kapazitäten für sogenannte Ormeg-Kopien oder Vervielfältigungen in dem für technische Zeichnungen üblichen Salmiak-Lichtkopierverfahren zur Verfügung stellte. Das waren dann entweder bräunlich oder bläulich krisselige Kopierblätter, die meistens erst noch auf das A4- oder auch A3-Format zurechtgeschnitten werden mussten und bei denen sich die dunkleren Notenköpfe ein wenig vom gleichfarbigen, aber etwas helleren Untergrund abhoben.

Diese Musikwerke, die eigens für das Jugendstreichorchester komponiert worden sind, wurden bei zahlreichen Auftritten zu allen denkbaren Gelegenheiten und Anlässen häufig gespielt und fanden sich natürlich auch auf den Programmen der Jahres- und vor allem Jubliäumskonzerte anlässlich des Bestehens des Jugendstreichorchesters. Die festlich geschmückte Aula der Käthe-Kollwitz-Schule, der Saal der Klubhauses der Werktätigen, wo auch Gruppen wie Karat, Silly, City und die Puhdys rockten, und der Zuschauersaal des Halberstädter Theaters waren stets bis auf den letzten Platz besetzt.

---

11 Georg Philipp Telemann, *Autobiographie 1718*, in: Johann Matthesons Grosse General-Baß-Schule. Oder Der exemplarischen Organisten-Probe Zweite verbesserte und vermehrte Auflage Hamburg 1731, S. 168–180.

Im ersten Teil des Konzertes stellten die jugendlichen Musiker unter dem Dirigat von Rolf-Reinhart Loose ihren Leistungsstand mit neu erarbeiteten klassischen Werken der sinfonischen und Konzertliteratur vor. Die Solisten kamen aus den eigenen Reihen, wie bspw. Gabriele Auenmüller – Violine, Rüdiger Pfeiffer, Bernd Moczko und Diedrich Mund – Violoncello, Hans-Günter Strauch und Anke Lautenbach – Klavier, oder waren Gäste, wie Karl-Heinz Dommus – Viola und Klaus Peters sowie Thorsten Rosenbusch – Violine von der Staatskapelle Berlin.

Bei den großen sinfonisch besetzten Musikwerken kamen die Holz- und Blechbläser sowie die Pauken vom Halberstädter Theaterorchester hinzu, so dass ein komplettes vollwertiges Sinfonie-Orchester mit etwa 80 bis 100 Musikern auf der Bühne saß.

Der zweite Programmteil erfreute dann vorrangig mit anspruchsvoller Musik aus dem Genre der »*leichten Muse*«. So traten die Gebrüder Junkel mit Xylophon-Werken auf, die das Jugendstreichorchester begleitete, es gab Melodienfolgen aus »*My fair Lady*« und »*Mein Freund Bunbery*« von Gerd Natschinsky, dem gern als »*Andrew Lloyd Webber der DDR*« apostrophierten Musical-Komponisten. Doch auch der Song-Hit des Jahres 1973 »*Ein Bett im Kornfeld*« von Jürgen Drews oder »*Butterfly, my Butterfly*« wurden für das Orchester arrangiert und begeisterten Publikum und Spieler gleichermaßen. Walzer- und Galopp-Titel wurden gern gehört und am Schluss gab es den Radetzky-Marsch, ganz in der Tradition der Wiener Philharmoniker. Die Zugabe war obligatorisch bei dem jedes Mal auftosenden Beifallssturm.

Anschließend ging es ans Feiern, wie das in den Zeiten üblich gewesen ist. Für große Gesellschaften gab es in jenen Jahren in Halberstadt nicht viele Lokalitäten, so dass entweder im Felsenkeller (ablegen und langer Rückweg nach Hause) oder in der etwas zentrumsnäher gelegenen Gaststätte »*Hochhaus*«, dem heutigen »*Lindenhof*«, gefeiert wurde. In wenigen Fällen wurde auf die historische und mit dem Halberstädter Chorgesang verbundene Gaststätte »*Bullerberg*« ausgewichen, die allerdings recht weit entfernt vom Stadtzentrum lag. Hierbei mangelte es sprichwörtlich an nichts. Nach einer kurzen Dankesrede von Rolf-Reinhart Loose wurde aufgetischt, gegessen und getrunken, gefeiert und zu den Beat-, Rock- und Popmusik-Rhythmen einer Band bis in den frühen Morgen getanzt.

Eine außergewöhnliche Herausforderung ergab sich im Zusammenwirken mit den Chören und Chorgemeinschaften von Rolf-Reinhart Loose. So viele

Abende die Woche hat, so viele Chöre leitete er »*nebenbei*« noch und zeitweise sogar mehr. Auch dabei war er in seinem Element, Musik war sein Lebenselexier. Als hochbegabter Dirigent verstand er es immer wieder, die Sängerinnen und Sänger zu höchster Strahlkraft und klangvoller künstlerischer Leistung zu animieren. War ansonsten a-cappella-Gesang, also ohne Instrumente rein vokaliter angesagt, so begleitete das Jugendstreichorchester stets bei den großen Darbietungen die Chorsänge aus Oper und Oratorium. Eine starke Symbolkraft steckte zu DDR-Zeiten natürlich im Freiheitschor aus Verdis »*Nabucco*« oder dem Freiheitslied »*Die Gedanken sind frei*«. Zu einer beeindruckenden Szene und zugleich Fanal gestaltete sich stets der berühmte »*Wach-auf-Chor*« aus Wagners *Die Meistersinger von Nürnberg*, der zur Wucht des Volkes Gesang auf der Straße anschwoll und die Oberen mahnte: »*Wacht auf, es nahet gen den Tag ... Morgenröt' her durch die trüben Wolken geht*« – der Hintersinn wurde sehr wohl konnotiert, auch wenn bis zur politischen Wende 1989 noch einige Jahre ins Land ziehen sollten.

In den Sommerferien wurde stets ins Orchesterlager gefahren. Die Musikinstrumente wurden mitgenommen und in Schulen oder Jugendherbergen mit größeren Räumen Quartier gesucht und Register- sowie Orchesterproben durchgeführt, natürlich so, dass noch genügend Freizeit zur Verfügung stand. Ab Mitte der 1970er Jahre kamen über die Winterferien Orchesterlager in Stiege im Harz hinzu. Zusätzlich reiste das Jugendstreichorchester bis auf wenige Ausnahmen fast geschlossen zum Campen und Wasserwandern an die Mecklenburger Seenplatte, vornehmlich an die Müritz. Dort standen gemeinschaftliche Freizeitaktivitäten für den Sommer im Vordergrund. Dabei gab es viel zu erleben und ebenso im gemeinsamen Umgang miteinander zu lernen und zu erfahren.

Unzweifelhaft waren diese Aktivitäten gleichermaßen ein Ausbrechen aus den Zwängen der gesellschaftlichen Alltagsrealität und das Gewinnen einer Distanz zu Reglements, verbindet sich doch der Begriff des Campens mit dem Nimbus von Freiheit, Romantik und subjektiv-individueller Lebensgestaltung. Im soziologischen Sinne fand eine kollektive Transformation der gesellschaftlichen Identität statt und das non-konformistische Leben eines kulturkritischen Verhaltens. Eine touristische Infrastruktur gab es so gut wie gar nicht. Quasi auf sich selbst gestellt, musste Eigenversorgung organisiert werden bis hin zur selbstständigen Essensvorbereitung und zum Kochen für durchschnittlich 30 bis 40 Mädchen und Jungen, Freizeitbetätigungen wie baden, rudern, paddeln, zu Erkundungen ausschwärmen, neue Erfahrungen sammeln und viel lesen.

Exkursionen zu interessanten kulturellen Einrichtungen, architektonischen und technischen Denkmälern wurden ebenso unternommen wie Schifffahrten und Paddeltouren zu ablegenen Orten und einsamen Stränden. In den mecklenburgischen Kirchen musizierten im Sommer oft Musikstudenten, so dass Gelegenheit war, ihr Musizieren und neue Werke zu hören. Gern wurden auch die Angebote der Freiluftkinos angenommen. Aber am schönsten wurde es, wenn der Abend anbrach, das Lagerfeuer entzündet wurde, Rolf-Reinhart Loose das Akkordeon hervorholte und die »*alten*« Lieder gesungen wurden.

Nur wenigen Familien war es zu jener Zeit vergönnt, jedes Jahr in den achtwöchigen Sommerferien einen großen Urlaub zu unternehmen. Und so konnte den Kindern eine bis aufs Taschengeld kostenfreie Fahrt ins Ferienlager ermöglicht werden. Es lässt sich nicht umgehen festzustellen, dass den Kindern außerordentlich viel geboten und ermöglicht wurde.

Wie in schulischen Klangkörpern normal, gab es größere Wechsel von den Großen zu den Kleinen, den Älteren zu den Jüngeren, wenn eine Generation der Stammbesetzung herausgewachsen war, die Schule beendet hatte, und die Jungs im Regelfall erst einmal zur »*Fahne*«, ihrem obligatorischen Wehrdienst bei der Nationalen Volksarmee (NVA) mussten, eine Ausbildung begonnen oder zum Studium gegangen wurde. Es lassen sich beim Jugendstreichorchester drei größere Generationszyklen beobachten. Natürlich gab es immer Anfragen und Aufnahmen von Schülerinnen und Schülern aus unterschiedlichen Klassenstufen. Aber nachdem mit der Gründung 1965 eine Grundbesetzung des Orchesters aus hauptsächlich Fünftklässlern herangebildet war, blieb diese Generation durchschnittlich acht Jahre. Zu Beginn der 1970er Jahre kam eine 2. Generation dazu, die wiederum mit der 10. bzw. 12. Klasse das Jugendorchester verließ. Eingangs der 1980er Jahre folgte dann die 3. Generation.

Es entstanden zahlreiche Freundschaften und Verbundenheiten, die bis heute andauern. Musik, das gemeinsame Musizieren, bei dem jeder auf den anderen hören und Rücksicht nehmen muss, der Bezug zu den klassischen Musikwerken und die Begegnungen mit vielen herausragenden Menschen prägten die orchestrale Gemeinschaft sowie das soziale, empathische und intellektuelle Miteinander. Viele der Orchestermitglieder blieben dem Klangkörper weiterhin verbunden und musizierten je nach Gelegenheit mit. Das Festkonzert am 20. Februar 1977 fand im Großen Haus des Volkstheaters Halberstadt statt. Gabriele Auenmüller, als langjährige Konzertmeisterin am

1. Pult der Violinen selbst mit aus dem Jugendstreichorchester hervorgegangen, hatte Gesang studiert und kam als Opernsolistin von der Staatsoper Dresden, wo sie heute als Chefsouffleuse an der Semperoper wirkt, und Karl-Heinz Dommus von der Staatskapelle Berlin spielte mit den jungen Musikern Telemanns Bratschenkonzert.

Bereits zwei Jahre später, am 19. Mai 1979, gab das Jugendstreichorchester im neu erbauten Klubhaus der Werktätigen wieder ein Festkonzert. Von der Staatskapelle Berlin reisten Karl-Heinz Dommus gemeinsam mit Klaus Peters an, um in freundschaftlicher Verbundheit mit dem Jugendorchester das Konzert für Violine, Viola und Orchester von Carl Stamitz, der selbst ein gefeierter Bratschen-Virtuose der Mozart-Zeit war, zu musizieren. Wiederum konnten außerdem Solisten aus den eigenen Reihen vor das Orchester treten: Dietrich Mund konzertierte mit der Suite für Violoncello und Orchester und die Brüder Junkel brillierten auf dem Xylophon, begleitet vom Jugendstreichorchester.

Die 1970er Jahre fanden ihren Ausklang in der gemeinschaftlichen Mitwirkung des Jugendstreichorchesters und der Halberstädter Chorgemeinschaft bei den Rundfunksendungen von Radio DDR »*Dem Frieden die Freiheit*« am 17. Dezember 1978 und »*Landpartie*« am 4. September 1980. Weiterhin intensivierte sich die erfolgreiche Zusammenarbeit mit den von Rolf-Reinhart Loose geleiteteten Chören, insbesondere mit der Chorgemeinschaft Halberstadt, zu der sich bereits Anfang der 1970er Jahre verschiedene Chöre zusammengeschlossen hatten. Es gab so gut wie keine repräsentative Veranstaltung in Halberstadt, bei der nicht beide Musikensembles gefragt waren und ihre Darbietungen mit Begeisterung aufgenommen wurden.

Zu den Höhepunkten in den 1980er Jahren gehörten das Konzert zum 15jährigen Jubiläum am 27. Februar 1982 und das gemeinsame Festkonzert anlässlich des 20jährigen Bestehens des Jugendstreichorchesters und des 100jährigen Gründungsjubiläums des Arbeiter-Gesangvereins Halberstadt von 1885, aus dem der Sängerbund und die Chorgemeinschaft Halberstadt hervorgegangen sind.

Die Festveranstaltung mit zahlreichen Ehrengästen fand am 11. Oktober 1985 im Großen Haus des Volkstheaters Halberstadt statt. Das Jugendstreichorchester Halberstadt und das Theaterorchester musizierten gemeinsam als Sinfonieorchester und mit der Chorgemeinschaft Halberstadt. Eigens angereist war GMD Prof. Heinz Fricke von der Staatskapelle Berlin. In

Halberstadt gebürtig, hatte er in jungen Jahren Chöre geleitet und war zu einem international gefragten Operndirigenten avanciert. Es war ein wunderbares Festkonzert, zu dessen Gelingen außerdem die Gesangssolisten des Halberstädter Theaters KS Marie-Luise Lorenz (Sopran) und Werner Rautenstengel (Bass) sowie Thorsten Rosenbusch, 1. Konzertmeister der Berliner Staatskapelle, und Karl-Heinz Dommus, Solo-Bratscher der Staatskapelle Berlin, beigetragen und die Mitwirkenden zu höchstem künstlerischen Niveau beflügelt haben. Der herzliche begeisterte Beifall des Publikums wollte kein Ende nehmen, so dass mehrere Zugaben gespielt werden mussten.

Viele der Orchestermitglieder der Gründungsgeneration waren in Halberstadt oder in der Umgebung verblieben bzw. vom Studium oder ihrer Berufsausbildung zurück, hatten sich beruflich und familiär etablieren können und unterstützten nach Kräften die junge nachwachsende Generation, bspw. durch Mitspielen im Orchester, insbesondere bei größeren Auftritten, brachten ihre jüngeren Geschwister, wie bspw. Roland Steinmetzer, oder bereits ihre eigenen Kinder zur Ausbildung mit, wie bspw. Bernd Moczko mit seiner Tochter Andrea, die inzwischen eine gefragte kreative Theaterregisseurin ist, oder übernahmen selbst Unterrichtstätigkeiten. Nach dem Tod des langjährigen Cello-Lehrers Rudolf Fritzsch, der das Jugendstreichorchester mit aufgebaut hatte, legte Rolf-Reinhart Loose den Violoncello-Unterricht in die Hände von Rüdiger Pfeiffer, der selbst seine musikalische Grundausbildung im Jugendstreichorchester erfahren und Musikwissenschaft an der Martin-Luther-Unviersität Halle-Wittenberg sowie Violoncello bei Prof. Friedemann Erben an der Hochschule für Musik *»Felix Mendelssohn Bartholdy«* studiert hat.

In der Regel hatten zahlreiche ehemalige Orchestermitligeder beim Studium in den Universitätsorchestern mitgespielt, wie bspw. die Studentinnen der Stomatologie Ines Herrmanns in der *»cappella academica«* der Humboldt-Unversität zu Berlin und Gilda Steinmetzer bei den Berliner *»MUSICI MEDICI«*, oder auch selbst Orchester mitgegründet, wie Rüdiger Pfeiffer 1994 das *»Akademische Orchester«* der Otto-von-Guericke-Universität Magdeburg.[12] So wurde überlegt, neben dem Jugend-Streichorchester auch ein Erwachsenen-Orchester aufzubauen. Doch erst einmal wirbelte das Zeitgeschehen der

---

12 Gemeinsame Gründung durch die Musikwissenschaftler Sigrid Hansen und Rüdiger Pfeiffer sowie den Komponisten und Dirigenten Peter Petkow. Siehe: Rüdiger Pfeiffer (Hg.), 10 Jahre Akademisches Orchester Magdeburg (= Musikgeschichte Mitteldeutschland, hrsg. von Rüdiger Pfeiffer, Musikgeschichte Sachsen-Anhalt Ser. I; Musikgeschichte Magdeburg Bd. 1), Magdeburg 2004.

gesellschaftlichen Veränderungen und politischen Ereignisse der Wendezeit 1989 vieles durcheinander und es bedurfte einiger Zeit, bis sich wieder gefestigte Verhältnisse einzustellen vermochten. Viele der ehemaligen Mitglieder des Jugendstreichorchesters Halberstadt haben als Persönlichkeiten in Beruf und Öffentlichkeit, Politik und Gesellschaft ihren Teil zur friedlichen Revolution beigetragen, wobei die Prägung durch die musikalische Bildung, die sozialen Erfahrungen und den Umgang sowie die zu gesellschafts- und systemkritschen Überlegungen anregenden Denkanstöße des künstlerischen Leiters, Pädagogen und Geschichtslehrer Rolf-Reinhart Loose sowie die Halberstädter Atmosphäre ihren Anteil hatten.

Die überaus turbulenten Wendejahre 1989/90 und danach erforderten in vielen Familien und bei den Schülern anderweitige Prioriätensetzungen in der Lebenssicherung und Familienplanung, als sich ausnahmslos dem ästhetischen Spiel der Kunst zu widmen. Doch auch bei den Theatermusikern waren gravierende Wandlungen eingetreten. Die Generation der Musiker und Lehrkräfte, die in verdienstvoller Weise das Orchester mit aufgebaut hatte, war in den Ruhestand getreten und gab die Unterrichtstätigkeit aus Altersgründen nach und nach auf.

Die politischen Konstellationen änderten sich nunmehr grundlegend. Dabei wurden das Bildungssystem und das Schulwesen nicht nur einer inhaltlichen, sondern auch organisatorischen Änderung unterzogen. Als Fach-Lehrer für Musik und Geschichte hatte Rolf-Reinhart Loose Abminderungsstunden für die künstlerisch-pädagogische Orchesterleitertätigkeit erhalten und eine derartige Schulstruktur, in der ein Schülerorchester für alle Halberstädter Schulen an einer Schule vorgehalten wurde, war mit den neuzuschaffenden Schulsystemen und Unterrichtsbedingungen nicht mehr so wie zuvor vereinbar. Somit wurde – wie auch beim Jugend-Blasorchester geschehen – das Jugendstreichorchester Halberstadt mit Unterstützung der Kreisjugendpflege Halberstadt in die Rechtsform eines eingetragenen Vereins überführt. Am 17. Dezember 1992 wurde der »*Förderverein Streichmusik e.V.*« gegründet, der sich gemeinnützig weiterhin der Jugendkultur und dem Erlernen eines Streichmusikinstruments sowie dem gemeinschaftlichen Musizieren widmete. Der Bedarf war groß und die Schüler kamen bspw. auch aus der Friedensschule, der Gleimschule, der Gaußschule, der John-Scheer-Schule und der Anne-Frank-Schule. Wolfgang Sellmann übernahm noch weiterhin die instrumentale Ausbildung und ehemalige Orchestermitglieder stellten sich zunehmend für organisatorische und Betreuungstätigkeiten zur Verfügung.

So wie in den Anfangsjahren Mütter und Väter von Orchestermitgliedern wie Christa Dahrmann, Siegfried Strathmann, Paula Moczko u.v.a. als fleißige Helfer und Betreuer im Hintergrund agierten, so waren nunmehr Erdmuthe Evers und Christine Loose, Bernd Moczko und Stefan Andrusch zur Stelle, das Jugendstreichorchester unter den neuen Gegebenheiten weiterzuführen. Konzeptionen wurden geschrieben, Orchester- und Musikprojekte entwickelt und Förderanträge gestellt, die mit Eigenanteilen zu untersetzen waren. Aus gesundheitlichen Gründen musste sich Rolf-Reinhart Loose mehr und mehr zurückziehen. Zwischenzeitlich war die Kreismusikschule Halberstadt als eigenständige Stätte der vokalen und instrumentalen Musikausbildung gegründet worden, so dass Mitte der 1990er Jahre über eine Auflösung des Jugendstreichorchesters Halberstadt nachgedacht wurde.

1996 war es schließlich soweit: Eine 30 Jahre währende großartige Ära der Jugendmusikkultur fand ihr Ende. Das Jugendstreichorchester Halberstadt war Geschichte. Doch viele der einstigen Orchestermitglieder führen den Geist der Orchestergemeinschaft fort und pflegen auch weiterhin das aktive Musizieren, sei es im Rahmen der Hausmusik, lockerer musikalischer Zusammenkünfte oder in einem Collegium musicum, wie bspw. Stefan Andrusch, Kathrin Wohlmann und Wilfried Pruschke unter Leitung von Tatjana Borchers im Collegium musicum an der Musikschule Halberstadt – erwachsen aus dem Jugendstreichorchester Halberstadt.

Rolf-Reinhart Loose und »sein« Jugendstreichorchester

Rüdiger Pfeiffer

Rolf-Reinhart Loose war ein begnadeter Musiker. Er spielte brillant Klavier, begleitete Lied- und Chorgesang auf unnachahmliche Weise, konnte sofort in andere Tonarten transponieren, wenn die Originallage den Sängern zu hoch oder zu tief war, und kannte hunderte von Liedern aus dem Effeff. Auch im Musikunterricht in der Schule wurde bei ihm viel gesungen und es mussten die Liedtexte auswendig gelernt werden. Daneben spielte er das transportable Klavier – das Akkordeon, so dass bei geselligen Zusammenkünften und Chorauftritten im Freien eine Begleitung gewährleistet war. Doch auch den A-cappella-Gesang liebte er, und er vermochte seine Chöre mit Vokalwerken der Klassik und Romantik, aber auch der gemäßigten Moderne, zu klanglichen Höchstleistungen zu bringen. Zusätzlich zum Jugendstreichorchester leitete Rolf-Reinhart Loose fast jeden Abend in der Woche einen der damals noch zahlreichen Chöre in Halberstadt und in der näheren Umgebung. Nicht nur, dass gute Chorleiter außerordentlich gefragt waren, sondern Rolf-Reinhart Loose war ein herausragendes Dirigiertalent – gleichermaßen für instrumentale wie vokale Musik.

Rolf-Reinhart Loose entstammte einem musikalischen Elternhaus und hatte Klavierunterricht bei der bekannten Klavier- und Musikpädagogin Herta Rennebaum. Als Jugendlicher galt sein Enthusiasmus auch dem Sport und er nahm an Wettkämpfen, Landesmeisterschaften und Sport-Olympiaden teil.

Mitte der 1950er Jahre studierte er die Lehrämter Schulmusik und Geschichte an der Martin-Luther-Universität Halle-Wittenberg, Musikpädagogik bei Prof. Dr. Siegfried Bimberg, Musikwissenschaft bei Prof. Dr. Walther Siegmund-Schultze, Dirigieren, Chor- und Ensembleleitung bei Prof. Dr. Willi Maertens. Bereits als Student dirigierte er für seinen akademischen Lehrer Willi Maertens häufig das Akademische Orchester und den Chor der Hallischen Universität bei akademischen Festlichkeiten im Auditorium maximum, dem *»Audi max«* im Löwengebäude.

Nach Halberstadt zurückgekehrt, war Rolf-Reinhart Loose als Musik- und Geschichtslehrer im staatlichen Schuldienst tätig. Alsbald entdeckten Musikdirektor Hans Auenmüller und Kapellmeister Wolfgang Huth die außergewöhnliche Dirigierbegabung und holten ihn häufig für Einstudierungen und Dirigieraufgaben ans Theater Halberstadt, für den Theaterchor, der oft von Sängern weiterer Chöre verstärkt wurde, und auch als Dirigent von Sinfoniekonzerten und Opernaufführungen aus dem Orchestergraben heraus.

Als 1965 ein künstlerischer Leiter für das zu gründende Jugend-Streichorchester gesucht wurde, gab es niemanden, der prädestinierter gewesen sein könnte als Rolf-Reinhart Loose. Hatten die ersten Zusammenkünfte der musikalischen Anfänger noch mit Hans Hasselmann vom Jugend-Blasorchester stattgefunden, so gab er den Dirigentenstab nach den Winterferien des Jahres 1966 an Rolf-Reinhart Loose weiter. Von der Friedensschule wurde er an die Marx-Engels-Schule geholt und mit dem Aufbau und der Leitung des Jugend-Streichorchesters betraut. Als Ziel stand weiterhin die Vision, nach Erreichen eines ausreichend guten künstlerischen Levels die beiden Jugend-Orchester zu einem Jugend-Sinfonieorchester zu vereinen.

Dass die Wahl auf den 27 Jahre alten, jungen dynamischen und elanvollen Rolf-Reinhart Loose gefallen war, sollte sich als ein Glücksfall der besonderen Art erweisen. Als brillanter Musiker und Dirigent in der Musikszene mit guten Verbindungen bestens vernetzt, rhetorisch begabt und eloquent, war er jeder Situation, sowohl den Schülern als auch den Fachkollegen und Vorgesetzten gegenüber, gewappnet. Er setzte seine volle Energie und ganze Zeit in den Aufbau des Orchesters und in die Fachausbildung der jungen Musikanten. Er verstand es, seinen sprühenden Elan auf die Kinder und Jugendlichen ebenso zu übertragen wie auf die Musiker vom Halberstädter Theater, die den Instrumental-Unterricht übernahmen.

Für »*seine*« Kinder und Jugendlichen machte er so gut wie alles möglich. Sie wuchsen ihm ans Herz und sie konnten auch mit allen Angelegenheiten und Problemen zu ihm kommen. So übernahm er auch Seelentröstung, individuelle Beratung zur Lösung persönlicher und schulischer Probleme und später Empfehlungen zur Ausbildung und Berufswahl sowie Lebensberatung. Das gedeihliche Wohl und der erfolgreiche Werdegang »*seiner*« Kinder und Jugendlichen war ihm dabei höchstes Anliegen. Auch stellte er sich durchaus schützend vor sie, wenn er zu erkennen meinte, dass ihnen Unrecht geschehen würde. Später entstanden vielfach freundschaftliche Verbindungen ehemaliger Schüler zu ihm.

Eine weitere Leidenschaft neben der Musik und Pädagogik galt dem Lesen, wofür er sich etwas von seiner kargen Freizeit abknapste. Und so waren auch bei den Fahrten ins Orchesterlager nicht nur bei ihm, sondern auch bei den Schülern Bücher mit im Gepäck.

Als studierter und sehr belesener Geschichtslehrer nahm er ein recht unkonventionell kritisch geprägtes Verhältnis zum deklarierten Aufbau der neuen sozialistischen Gesellschaft ein und verstand es, dies durchaus auch später den Mitgliedern des Jugendstreichorchesters zu vermitteltn.

Er legte großen Wert darauf, seinen Schülern in diesem Sinne eigenständiges kritisches Denken zu vermitteln und politische Ereignisse auf ihre gesellschaftliche Sinnhaftigkeit und Tragweite zu hinterfragen sowie sie in globale Zusammenhänge einzuordnen. So ist bspw. noch in Erinnerung, dass am Tag der Bekanntgabe der Zwangsverstaatlichung von Betrieben in der DDR im Jahr 1972 das Jugendstreichorchester einen Auftritt in dem durch Goethe bekannt gewordenen ehemaligen Rittergut Haus Nienburg am Huy hatte.[1] Looses spontane Reaktion auf die Nachricht der Verstaatlichung: »*Das ist der Untergang der DDR*«. Dabei war ihm durchaus bewusst, dass er sich auf einer Gratwanderung befand und einiges riskierte. Hier bewahrten ihn wohl der Bekanntheitsbonus, seine Singularität und Beziehungen sowie eine gewisse Schlitzohrigkeit als Künstler.

Ebenso schärfte er die Ohren für feine Unterschiede von Interpretationen bekannter Musikwerke. Er regte zum Hören verschiedener Schallplattenaufnahmen sinfonischer und konzertanter sowie kammermusikalischer Werke an und ging mit Ensemblemitgliedern in die Sinfoniekonzerte des Theaterorchesters und zu den Kammermusikabenden der Stunde der Musik in der Dompropstei.

Rolf-Reinhart Loose war eigentlich immer »*auf Achse*«, ein ruheloser Geist, mit Musik zu erfreuen und dabei stets frohen Gemüts. Aus Anlass seines zu frühen Todes 1998 kam »*sein*« Jugend-Streichorchester Halberstadt bei der Trauerfeier in alter Stammbesetzung ein letztes Mal zusammen, um den Abschiedsgruß zu musizieren.

---

[1] Ein 1187 erstmals erwähntes Rittergut. Johann Wolfgang von Goethe und der preußische König Friedrich Wilhelm III. waren u.a. Gäste des Gutsherrn Carl Ernst von Hagen, dem »*tollen Hagen*«, der 1775 das örtliche Gasthaus mit einem Bild verzierte: »*Zum nackten A ...*«.

Festkonzert zum 5jährigen Bestehen • 26. Februar 1972

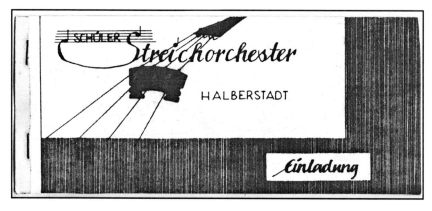

Zu unserem

Jubiläumskonzert

am 26.2.1972, 16.00 Uhr

LADEN WIR SIE UND IHRE FAMILIE RECHT HERZLICH EIN

Veranstaltungsort:
HALBERSTADT, AULA DER KÄTHE-KOLLWITZ-OBERSCHULE

Direktor: Orchesterleiter

Programm:

I. TEIL:
1. J.P. Lully: OUVERTÜRE ZU „ARMIDE"
2. G.Ph. Telemann:
   KONZERT FÜR VIOLA u. ORCHESTER
   Solist: Herr Dommus
   Deutsche Staatsoper Berlin
3. J.Ch. Bach: SINFONIE D-DUR

II. TEIL:
WUNSCHPROGRAMM
AUS DEM REPERTOIRE DES
SCHÜLER-STREICHORCHESTERS
HALBERSTADT

Festkonzert zum 5jährigen Bestehen • 26. Februar 1972

Festkonzert zum 5jährigen Bestehen • 26. Februar 1972

Konzerte mit Karl-Heinz Dommus • Staatskapelle Berlin

Über den Musiklehrer Hans-Ulrich Sauer, in dessen Händen die Leitung der »*Internationalen Kammermusikreihe Stunde der Musik*« in der Dompropstei lag und dem das Halberstädter Musikleben unzählige herausragende Musikerlebnisse mit exzellenten Solisten verdankt, waren die freundschaftlichen Kontakte zum Suske-Quartett Berlin zustande gekommen. Vor den Konzertabenden gab es stets tiefgründige Einführungsvorträge im Klub der Intelligenz.

Karl-Heinz Dommus, Viola
Solo-Bratscher der Staatskapelle Berlin

Das Suske-Quartett musizierte vor der Schallplatten-Einspielung aller Streichquartette Ludwig van Beethovens bei ETERNA anlässlich des 200. Beethoven-Geburtstages 1970 die Werke in der Halberstädter Kammermusikreihe.

Es ergab sich eine herzliche Verbundenheit zwischen den Profi-Musikern der Staatskapelle Berlin und dem Jugendstreichorchester Halberstadt. Mitglieder des Jugendstreichorchesters besuchten die Streichquartett-Abende und fuhren auch zu Aufführungen in die Staatsoper Unter den Linden in Berlin.

Die Musiker unterstützten das Jugendstreichorchester und stellten sich auch als Solisten und für die Probenarbeit zur Verfügung. Zu einem sehr beliebten Stück wurde das Bratschen-Konzert von Georg Philipp Telemann. Später musizierte dann das Jugendstreichorchester unter der künstlerischen Leitung des gebürtigen Halberstädters GMD Prof. Heinz Fricke mit den Solisten Klaus Peters, Violine, und Karl-Heinz Dommus, Viola, von der Staatskapelle Berlin die berühmte »*Concertante*« von Wolfgang Amadeus Mozart.

Festkonzert • 26. Februar 1972

Festkonzert • 26. Februar 1972
in der Aula der Käthe-Kollwitz-Schule

anschließend Spaß und Humor bei Speis und Trank

International bekannt

Der international bekannte Künstler Karl-Heinz Dommus von der Staatskapelle Berlin und Mitglied des Suske-Quartetts weilte kürzlich bei den Schülern des Streichorchesters der Käthe-Kollwitz-Oberschule. Sehr beeindruckt war der Künstler von dem Können der jungen Musiker, mit denen er gemeinsam musizierte. Das Elternaktiv und die Schüler dankten dem Künstler, der trotz internationaler Verpflichtungen in Schweden und Frankreich noch Zeit für sie fand.

Konzerte mit Karl-Heinz Dommus • Staatskapelle Berlin

Einladung zur Staatskapelle Berlin

Einladung zur Staatskapelle Berlin

Kleines Konzert im Apollosaal
der Staatsoper Unter den Linden Berlin • 1970

Einladung zur Staatskapelle Berlin

Einladung zur Staatskapelle Berlin

Festkonzert • 31. März 1973

PIONIER u. FDJ Streichorchester HALBERSTADT

Konzert

Mitwirkende: Lehrer und Paten vom Volkstheater
Chorgemeinschaft Halberstadt
Volkschor Harsleben
Solist: Rüdiger Pfeiffer
Leitung: Herr Rolf-Reinhard Loose
Ort und Zeit: Aula d. Käthe-Kollwitz-Schule 31.3.73 - 16:00 Uhr

Programm:

1. A. Vivaldi
   Konzert für Cello
   u. Streichorchester a-moll

2. J. Stamitz
   Sinfonie D-dur Op. 3 Nr. 11

3. G. F. Händel
   Feuerwerksmusik

Pause:
Opern- und Unterhaltungsmusik

Festkonzert • 31. März 1973

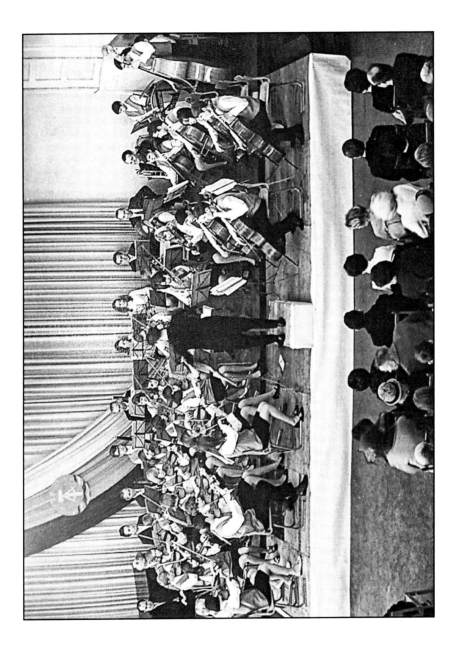

Festkonzert zum 10jährigen Bestehen • 20. Februar 1977

Jugendstreichorchester Halberstadt
Sitz Käthe-Kollwitz-Oberschule
Leitung: Rolf-Reinhart Loose

Sonntag, den 20.2.1977 10.30 Uhr Volkstheater Halberstadt

Festkonzert

Mitwirkende: Chorgemeinschaft Halberstadt
Volkschor Harsleben
Frauen- und Männerchor der Halberstädter
Fleisch- und Wurstwarenwerke

Solisten: Gabriele Auenmüller Staatsoper Dresden Gesang/Violine
NPT Karl-Heinz Dommus Staatsoper Berlin Viola

Programm:
1. H. Auenmüller — Sinfonia für Streicher
   Andante/Allegro- Adagio/Allegro
2. G. F. Händel — Arie für Sopran: Meine Seele hört im Sehen
3. G. Ph. Telemann — Konzert für Viola und Streichorchester
   Largo-Allegro-Andante-Presto
4. G. F. Händel — Feuerwerksmusik
   Overtüre-Bourrée-La paix-La Rejouissance-Menuett I und II

Pause

5. S. Tulikow — Friede der Welt
6. W. A. Mozart — Ave, verum corpus
7. G. Verdi — Nabucco: Chor der Gefangenen
8. G. Natschinsky — „Mein Freund Bunbury"
   Melodienfolge von W. Huth
9. F. Eberle — Sekt-Galopp
10. W. Huth — Marsch: Frohe Jugend

Festkonzert zum 10jährigen Bestehen • 20. Februar 1977

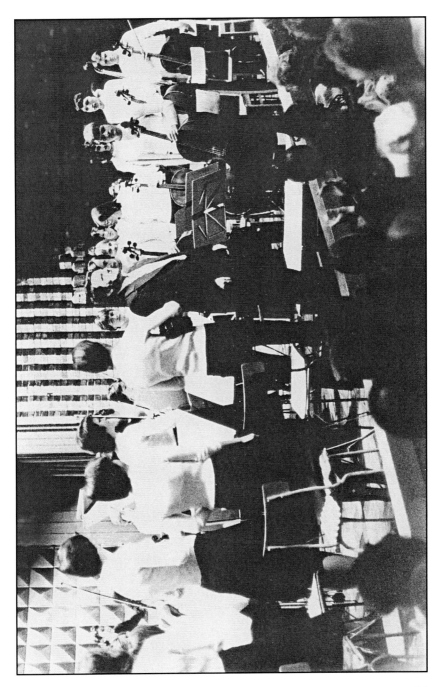

Festkonzert zum 10jährigen Bestehen • 20. Februar 1977

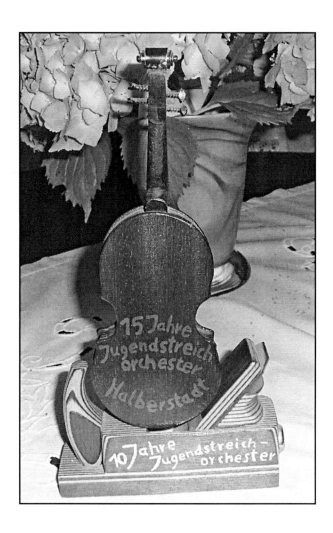

10 Jahre Jugendstreichorchester

In diesen Tagen begeht das Jugendstreichorchester Halberstadt der Käthe-Kollwitz-Oberschule sein 10jähriges Bestehen. Aus dieser Arbeitsgemeinschaft an der Schule hervorgegangen, hat sich das Orchester in den vergangenen Jahren einen guten Namen gemacht. Unter der Leitung des Musiklehrers Rolf-Reinhart Loose spielen im Orchester 80 Jugendliche im Alter von 7 bis 22 Jahren. Zweimal wöchentlich finden Orchesterproben statt, außerdem gibt es Einzelunterricht und Registerproben. Fruchtbringende Anleitung und Unterstützung erhalten die Jugendlichen vom Orchester des Volkstheaters Halberstadt. Hier kommt die gute Zusammenarbeit der Berufs- und Volkskünsler zum Ausdruck.

Besonders MD Hans Auenmüller und Wolfgang Huth helfen mit Arrangements und Kompositionen.

Mit Rolf-Reinhart Lose an der Spitze spielte das Jugendstreichorchester anläßlich des 450. Jahrestages der Staatskapelle Berlin, beim Wachregiment und im Palast der Republik. Das Orchester wurde als Hervorragendes Volkskunstkollektiv ausgezeichnet und mit der Artur-Becker-Medaille in Bronze geehrt.

Anläßlich des 10jährigen Bestehens findet am Sonntag, dem 20. Februar, um 10.30 Uhr im Volkstheater ein Festkonzert statt. Im Programm wirken die Chorgemeinschaft Halberstadt, der Volkschor Harsleben, der Frauen- und Männerchor der Halberstädter Fleisch- und Wurstwarenwerke und die Solisten Gabriele Auenmüller, Dresden, Sopran und Violine, und Nationalpreisträger Karl-Heinz Dommus, Staatsoper Berlin, Viola. Auf dem Programm stehen: Bratschenkonzert von Telemann, die Sinfonie von Auenmüller, der Freiheitschor aus „Nabucco" u. a.

Vk. hg.

Festkonzert • 19. Mai 1979

Jugendstreichorchester Halberstadt

Sitz Käthe-Kollwitz-Oberschule
Leitung: Rolf-Reinhart Loose

Sonnabend, den 19. Mai 1979   15.30 Uhr   Klubhaus der Werktätigen

Festkonzert

Mitwirkende: NPT Karl-Heinz Dommus Viola Staatsoper Berlin
NPT Klaus Peters Violine Staatsoper Berlin
Chorgemeinschaft Halberstadt
Volkschor Harsleben
Solisten des Jugendstreichorchesters
Gebrüder Junkel u. D. Mund

Programm:
1. Wassermusik Suite II   G. Fr. Händel
   Allegro - Alla   Hornpipe - Menuett
2. Konzert für Violine, Viola und Streichorchester
   Allegro moderato - Romanze - Rondeau   Ch. Stamitz
3. Sinfonia IV   Joh. Ch. Bach

Pause

4. Sarabande und Bourrée   G. Ph. Telemann
   für Cello und Streichorchester
5. Kanon für gemischten Chor
6. Volkslieder für gemischten Chor und Orchester
   Arrangement   H. Auenmüller
7. Drei Melodien aus „MY FAIR LADY"
   Arrangement   W. Huth
8. Palisander,   A. Kurth
   Xylophon und Orchester
9. Souvenier de Cirque Renz   G. Peter
   Xylophon und Orchester
10. Florentiner Marsch   J. Fucik

Klaus Peters • Karl-Heinz Dommus

Klaus Peters • Karl-Heinz Dommus
Staatskapelle Berlin

Gemeinsame Konzerte mit der Chorgemeinschaft Halberstadt

Mit Lust und Liebe dabei, anderen Freude zu bringen

HALBERSTADT. Ungezählte Stunden ihrer Freizeit widmen die 65 Mitglieder der Chorgemeinschaft Halberstadt dem Gesang. Sie kommen aus den verschiedensten Berufen. Die Palette reicht vom Schüler bis zur Lehrerin und vom Handwerker bis zur Richterin. Ihr Repertoire ist sehr umfangreich und vielseitig. Es umfaßt Volkslieder genauso wie anspruchsvolle Chorsätze von Telemann, Beethoven, Mozart und Brahms bis hin zu Werken von Komponisten unserer Tage.

Jeden Freitag treffen sich die Sängerinnen und Sänger im Klubhaus der Werktätigen zu ihrer Chorprobe, die stets unter Leitung von Rolf-Reinhard Loose stattfindet. Er übernahm diesen vor fast 100 Jahren gegründeten Chor im Jahre 1965, der seitdem zahllose erfolgreiche Auftritte hatte, für die er viel Lob und Anerkennung bekam. So konnte die Chorgemeinschaft bereits mit den Titeln „Ausgezeichnetes Volkskunstkollektiv" und „Hervorragendes Volkskunstkollektive" ausgezeichnet werden.

Natürlich bestehen auch Kontakte zu anderen Chören unseres Kreises. Außerdem kommt es regelmäßig zu einem Austausch mit einem Berliner Chor, was sicher viele Vorteile für beide Chöre mit sich bringt.

Besondere Höhepunkte in der Chorgeschichte waren zweifellos die Mitwirkung an der Rundfunksendung „Landpartie" und die mehrmalige Beteiligung an der Solidaritätsaktion „Dem Frieden die Freiheit".

Die letzten, sehr erfolgreichen Auftritte hatte der Chor bei der Verabschiedung unserer Delegierten zum X. Parteitag mit einem Arbeiterliedprogramm von Chören der Kreisarbeitsgemeinschaft Chor und wenig später bei der Aufführung der 9. Sinfonie Ludwig van Beethovens, gemeinsam mit Berufskünstlern und vielen, vielen freiwilligen Sängern.

An dieser Stelle möchten sich die Mitglieder der Chorgemeinschaft recht herzlich bei allen Mitwirkenden bedanken, die mit ihrer Einsatzbereitschaft wesentlich zum Gelingen dieser Aufführung beigetragen haben.

„Volksstimme"
17. Juli 1981

Vk. S. Sepp

Festkonzert des
Jugenstreichorchesters Halberstadt
anläßlich seines 15jährigen Bestehens,
Volksstimme, 27. Februar 1982 (Dokumentation)

Festkonzert zum 15jährigen Bestehen • 27. Februar 1982

Jugendstreichorchester begeht 15jähriges Jubiläum
Volksstimme 27 Februar 1982

HALBERSTADT. Aus Anlaß seines 15jährigen Bestehens gibt das Jugendstreichorchester Halberstadt am 27. Februar um 15 Uhr im Klubhaus der Werktätigen ein Festkonzert.

Die Geschichte des Orchesters begann im Jahre 1966, als die Marx-Engels-Oberschule auf Initiative der Kreisleitung der SED anfing, ein Streichorchester aufzubauen, um ihren Schülern eine sinnvolle Freizeitgestaltung zu ermöglichen. Die Verantwortung dafür wurde Rolf-Reinhard Loose übertragen, der auch heute noch das Orchester leitet.

Die erste gemeinsame Probe des Orchesters fand am 13. Oktober 1966 statt.

Erste Konzertmeisterin war damals Gabriele Auenmüller, die heute an der Staatsoper Dresden engagiert ist.

Inzwischen besteht das Orchester, das seit 1970 an der Käthe-Kollwitz-OS beheimatet ist, aus 80 Mitgliedern und hatte zahllose erfolgreiche Auftritte.

Höhepunkt waren zweifellos die Auftritte im Apollosaal der Staatsoper Berlin, im Palast der Republik, Berlin, und die mehrmalige Beteiligung an der Solidaritätsaktion „Dem Frieden die Freiheit".

Seit 1968 sind die Jugendlichen jedes Jahr bei zahlreichen Jugendweihen in unserem Kreisgebiet im Einsatz. Das Orchester hat einen guten Kontakt zu vielen Chören unseres Kreises und arbeitete schon mit bekannten Solisten zusammen wie Nationalpreisträger Klaus Peters oder Nationalpreisträger Karl-Heinz Dommus von der Staatsoper Berlin, der in diesem Jahr bereits zum vierten Mal als Solist im Festkonzert mitwirkt.

Das Repertoire des Orchesters ist sehr umfangreich und vielseitig. Es reicht von der Oper bis zum Musical und von Paul Lincke bis Johann Sebastian Bach.

Für seine hervorragenden Leistungen wurde das Jugendstreichorchester u. a. mit der Artur-Becker-Medaille in Bronze, dem Titel „Ausgezeichnetes Volkskunstkollektiv der DDR", der Pablo-Neruda-Medaille und einer Ehrenurkunde des Rundfunks der DDR ausgezeichnet.

Doch all diese Erfolge wären nicht denkbar gewesen ohne die ständige Unterstützung durch den Patenbetrieb des Orchesters, den VEB Halberstädter Fleisch- und Wurstwarenwerke, und besonders durch viele Mitglieder des Theaterorchesters, die als Instrumentallehrer tätig sind. Diesen Kollegen gilt deshalb auch von dieser Stelle nochmals ein besonderer Dank.

Vk. S. Sepp

Festkonzert zum 20jährigen Bestehen • 11. Oktober 1985

> **EINLADUNG**
>
> Das Jugendstreichorchester der Käthe-Kollwitz-Oberschule begeht im Schuljahr 1985/86 sein
>
> *20 jähriges Bestehen.*
>
> Die Festveranstaltung findet am Freitag, dem 11. Oktober 1985 in der Aula der Käthe-Kollwitz-Oberschule statt. Wir laden Sie hiermit recht herzlich zu dieser Veranstaltung ein.
>
> Beginn: 17.00 Uhr
>
> Direktor   Orchesterleiter

Das 20jährige Bestehen des Jugendstreichorchesters Halberstadt wurde gemeinsam mit der Chorgemeinschaft Halberstadt gefeiert, die im selben Jahr auf 100 Jahre ihrer Gründung zurückblicken konnte. Es wurde ein Festkonzert der Superlative. Das Große Haus des Volkstheaters Halberstadt war bis auf den letzten Platz besetzt. International gefeierte Künstler waren von der Staatskapelle Berlin nach Halberstadt gekommen, um mit den jungen Musikern des Jugendstreichorchesters und der Chorgemeinschaft Halberstadt zu musizieren. So wechselten MD Hans Auenmüller und Wolfgang Huth am Dirigentenpult mit GMD Prof. Heinz Fricke, der aus Halberstadt stammt und in jungen Jahren Halberstädter Chöre leitete. Hier verdiente er sich seine musikalischen Sporen, die ihn an die renommiertesten Opernhäuser in aller Welt brachten.
Ebenfalls von der Staatskapelle Berlin waren in freundschaftlicher Verbundenheit Konzertmeister Thorsten Rosenbusch und Solo-Bratscher Karl-Heinz Dommus angereist, um Mozarts berühmte »*Concertante*« Es-Dur KV 364 als Solisten anzuführen. Das große Finale gestalten die Solisten KS Marie-Luise Lorenz und Werner Rautenstengel gemeinsam mit dem vom Theaterorchester verstärkten Jugendstreichorchester, der Chorgemeinschaft Halberstadt und den Gratulanten Volkschor Harsleben und Theaterchor mit bekannten und beliebten Opernszenen.

Festkonzert zum 20jährigen Bestehen • 11. Oktober 1985

1885 – 1985

100 Jahre Arbeiterchor in Halberstadt

1965 – 1985

20 Jahre Jugendstreichorchester Halberstadt

Käthe-Kollwitz-Oberschule

dem Jugendstreichorchester, und es gibt kaum eine repräsentative Veranstaltung in Halberstadt, bei der nicht Chor und Orchester mitwirken. Höhepunkte waren die Mitwirkung in der Gemeinschaftssendung von Radio DDR „Dem Frieden die Freiheit" am 17. Dezember 1978 und der „Landpartie" am 4. September 1980. Bedeutende Beiträge leisten die Chorgemeinschaft und das Jugendstreichorchester bei den jährlichen Festveranstaltungen der Republik und zu den Rechenschaftslegungen vor dem Sekretariat der Kreisleitung der SED, beim jährlichen Sommerfest, bei Jugendweihen und anderen Festveranstaltungen sowie Konzertaufführungen des Volkstheaters.

Das Anliegen, mit dem der „Sängerbund" vor 100 Jahren antrat, gilt auch heute für die „Chorgemeinschaft", das Jugendstreichorchester und alle Mitarbeiter des Volkstheaters: Unser Lied soll dem Volke dienen, soll dienen dem Frieden und dem Sozialismus.

IV 27 11 440 Nd 400 85

Festkonzert zum 20jährigen Bestehen • 11. Oktober 1985

Sonderkonzert

anläßlich der vor 100 Jahren erfolgten Gründung des ersten Arbeiterchores in Halberstadt und des 20jährigen Bestehens des Jugendstreichorchesters Halberstadt der „Käthe-Kollwitz-Oberschule"

Ausführende:

Orchester der Volkstheaters Halberstadt
Jugendstreichorchester Halberstadt
Chorgemeinschaft Halberstadt
(Einstudierung: Rolf-Reinhart Loose)
Volkschor Harsleben
(Einstudierung: Rolf-Reinhart Loose)
Chor des Volkstheaters Halberstadt
(Einstudierung: Detlef Klemm)

Dirigenten:

GMD Prof. Heinz Fricke (Staatsoper Berlin)
Wolfgang Huth (ehem. Volkstheater)
Rolf-Reinhart Loose (Chorgemeinschaft/Jugendstreichorchester Halberstadt)

Solisten:

Thorsten Rosenbusch, Berlin, (Violine)
Karl-Heinz Dommus, Berlin, (Viola)
Marie-Luise Lorenz, Halberstadt, (Mezzosopran)
Werner Rautenstengel, Halberstadt, (Baß)

Programmablauf:

J. Chr. Bach: *Sinfonia D-Dur*
(Allegro – Andante – Allegro)
Kein schöner Land
(Arrangement: H. Auenmüller)
H. Eisler / J. R. Becher: *Es sind die alten Weisen*
(Arrangement: H. Auenmüller)
H. Auenmüller / J. W. v. Goethe: *Lied des Türmers*
Volkslieder-Folge
(Arrangement: H. Auenmüller)
J. Fucik: *Florentiner Marsch*
W. Huth: *Frohe Jugend – Marsch*
J. Strauß: *Radetzky-Marsch*

Pause

W. A. Mozart: *Concertante für Violine, Viola und Orchester*,
KV 364 – Es-Dur
(Allegro maestoso – Andante – Presto)
G. Rossini: Ouvertüre zu „Barbier von Sevilla"
A. Lortzing: *Heil sei dem Tag . . .*
Chor aus „Zar und Zimmermann"
F. Smetana: *Seht am Strauch die Knospen springen*
Chor aus „Die verkaufte Braut"
G. Verdi: Zigeunerchor aus „Der Troubadour"
G. Verdi: Gefangenenchor aus „Nabucco"
L. v. Beethoven: Ouvertüre zu „Fidelio"
L. v. Beethoven / G. Deicke: *Das Leben, das uns Leben lehrt*

Änderungen vorbehalten.

Festkonzert zum 20jährigen Bestehen • 11. Oktober 1985

Festkonzert zum 20jährigen Bestehen • 11. Oktober 1985

Festkonzert zum 20jährigen Bestehen • 11. Oktober 1985

Festkonzert zum 20jährigen Bestehen • 11. Oktober 1985

Festkonzert zum 20jährigen Bestehen • 11. Oktober 1985

Festkonzert zum 20jährigen Bestehen • 11. Oktober 1985

Festkonzert zum 20jährigen Bestehen • 11. Oktober 1985

Eindrucksvolles Geburtstags-Festkonzert

Doppeltes Jubiläum und begeisterte Wiedersehensfreude mit Nationalpreisträger Prof. Heinz Fricke, Generalmusikdirektor der Staatsoper Berlin

Es war ein doppelt freudiges Kulturereignis, das Halberstadts Musikwelt im Volkstheater, auf der Konzertbühne und im Zuschauerraum, vereint als fröhliche musikalische „Geburtstagsparty-Gemeinschaft" feierte!

Zunächst: 100 Jahre Arbeiterchor in Halberstadt!

Die heutige Chorgemeinschaft kann als Keimzelle auf den 1885 gegründeten Sängerbund der Halberstädter Zigarrenmachergewerkschaft zurückblicken. 1919 wurde er zu einem gemischten Chor, den 1946 Heinz Fricke, 1950 bis 1958 Wolfgang Huth, danach Hugo Nürnberger leitete. 1961 wurde er durch Vereinigung mit dem Wehrstedter Liederkranz zum Volkschor Halberstadt und durch Zusammenschluß mit dem Sängerheim schließlich 1972 zur heutigen Chorgemeinschaft.

Ein besonders glücklicher Umstand, daß dieses Chorensemble dann von Rolf-Reinhart Loose, Musiklehrer der Käthe-Kollwitz-Oberschule, übernommen wurde, der dort mit Schwung, Energie und musikantischer Besessenheit ein überaus anspruchsvolles Jugendstreichorchester entwickelte, das nun, als zweiter Jubilar, schon seinen 20. Geburtstag begehen kann.

Verständlich, daß eine solche musikalische Geburtstagsfeier mit allen Beteiligten dann auch zu einer pracht- und machtvollen Demonstration der beglückenden Gemeinsamkeit von Laien- und Berufskünstlern, von Ausübenden und Miterlebenden werden mußte. In einem bunten, außerordentlich vielseitigen Mammut-Festprogramm gab es — für alle mitwirkenden und zuhörenden Anwesenden — große, vielfältige Freude.

Zunächst begeisterte Wiedersehensfreude mit dem 1. Nachkriegsdirigenten des Sängerbundes, Heinz Fricke, Generalmusikdirektor an der Staatsoper Berlin seit 1962, Professor und Nationalpreisträger. Seine Mozart-Concertante (KV 364) mit den hervorragenden Solisten Thorsten Rosenbusch (Violine) und Karl-Heinz Dommus (Viola) wurde zu einem tiefen Erlebnis, bei dem sich seine musikalische Überlegenheit und beseelt suggestive Gestaltungskraft hörbar und sichtbar auf das Orchester übertrug und ausstrahlte, ähnlich auch bei der Leitung der durch den Theaterchor verstärkten beliebten Opernchöre aus „Zar und Zimmermann" (Werner Rautenstengel), „Der Troubador" und „Die verkaufte Braut".

Genuß und Freude auch bei allen anderen aktiven Gratulanten und Mitgestaltern des Chores und Jugendorchesters. Wolfgang Huth, unser langjähriger bisheriger Operettenkapellmeister, dirigierte mit beiden Orchestern seinen Marsch „Frohe Jugend", Musikdirektor Hans Auenmüller steuerte Arrangements und Komposition bei und Detlef Klemm, zur Zeit Chordirektor, ließ — temperamentvoll und ausstrahlend in seinen Dirigaten — erkennen, daß sicher noch viel Ausgezeichnetes von ihm zu erwarten ist.

Ausgezeichnetes und Vielseitigkeit zeigten natürlich auch unsere beiden Geburtstagskinder einzeln und vereint mit Theaterchor und -orchester. Ihnen und ihrem immer wieder begeisternden und begeisterten Leiter, R.-R. Loose, der sich übrigens auch als Konzertdirigent mit seiner jugendfrischbeschwingt gestalteten Sinfonia J. Ch. Bachs vorstellte, noch viele Erfolge, Glück der Gemeinsamkeit und Gesundheit wie vor allem auch ihrem lieben, ältesten, heute 81jährigen aktiven Chormitglied Wilhelm Achilles!

Dr. Horst Berner

Gabriele Auenmüller

Gründungsmitglied und Konzertmeisterin

Eines Tages stand Herr Loose, ein sehr engagierter Halberstädter Musiklehrer vor unserer Haustür, um mit mir und meinem Vater, der zu dieser Zeit Musikdirektor und musikalischer Oberleiter des Volkstheaters Halberstadt und Komponist war, etwas besprechen zu wollen.

Ich war zu dieser Zeit bereits im »*Collegium musicum*«, einem Ensemble von guten LaienmusikerInnen im »*Klub der Intelligenz*« Halberstadt als junge Geigerin in den 2. Violinen tätig. Diese Position gab ich nach der Gründung des Jugendstreichorchesters selbstverständlich gleich auf. Zumal ich dort die mit Abstand Jüngste war.

Herrn Loose kannten wir, gehörte dieser Lehrer doch zu denen, die Sinfoniekonzerte regelmäßig besuchten und auch Opernaufführungen gegenüber sehr aufgeschlossen waren.

In medias res wurde dann sein Anliegen vorgebracht, ein Streichorchester gründen zu wollen. Ich spielte seit meinem 7. Lebensjahr Geige und hatte Unterricht bei einem Privatlehrer. Meine geigerischen Qualitäten hatte ich in der Dompropstei schon verschiedentlich solistisch im Verbund mit Klavierschülern der in Halberstadt sicher unvergessen bleibenden Herta Rennebaum zum Besten gegeben.

Auch in Zeiten der sozialistischen Diktatur hatte sich eben auf dieser Ebene das so genannte musikalische, aber auch im Allgemeinen, künstlerische Bildungsbürgertum zum Glück erhalten …

Herr Loose fragte, ob ich mittun könnte beim Aufbau des Streichorchesters und ich mich als Konzertmeisterin zur Verfügung stellen wollte. Ohne solche schon gestandenen »*jungen Menschen*« schien ihm sonst das Unterfangen, ein Orchester an einer normalen Oberschule zu gründen und über die Jahre zu etablieren, völlig überzogen. Es wurde bspw. auch der Sohn des ersten Pfarrers von St. Johannis Burkhard Goethe in die Gründung mit einbezogen. Generell sollte es nun künftig so sein, dass die Musiker des Halberstädter Volkstheaters dann den Unterricht für alle Orchestermitglieder des Streichorchesters gestalten. Eine gute Kooperation, die sicher für beide Seiten mehr als tauglich war, und über die Jahre bestens funktionierte.

Ich sagte gern zu, die Konzertmeisterposition übernehmen zu wollen. War ich doch gerade in der pubertären Situation, keine Lust mehr zu haben, allein Geige üben und spielen zu wollen. Und dieses Angebot war natürlich dann in gewisser Weise eine Motivation der besonderen Art.

Mein Vater sagte Herrn Loose zu, Stücke für das neu zu gründende Orchester zu komponieren, die dann auch meistens dem gerade vorherrschenden Leistungsniveau des Orchesters entsprachen oder zuweilen auch einer Herausforderung gleich kamen … Herr Loose war Feuer und Flamme. Und so konnte es losgehen. Heute würde man das Projekt »*Jedem Kind ein Instrument*« nennen.

Damals, in den 1960/70er Jahren in der damaligen DDR, gehörte schon viel Überzeugungskraft dazu, so ein Orchester überhaupt auf die Beine zu stellen und auch eine Reihe von Schwierigkeiten zu überwinden, bei allem Löblichen, was das gemeinsame Musizieren bei uns in diesen Zeiten auszulösen vermochte.

Das Orchester entwickelte sich und genoss bei der Halberstädter Bevölkerung großen Zuspruch. Deshalb war es auch möglich, dass eine neutral gehaltene Konzertkleidung (schwarzer Rock oder Hose, dazu weiße Bluse oder Hemd, mit silbergrauer Weste) angeschafft werden konnte. Diese Tatsache erhöhte das Selbstwertgefühl der Orchestermitglieder erheblich.

Die Qualität unseres Klangkörpers hat über die Jahre hinweg durch die sehr schönen und urig organisierten Orchestertrainingslager, wie bspw. in Waren am Müritzsee, stetig zugenommen und das Gemeinschaftserlebnis ganz allgemein über das Musizieren hinaus gestärkt. So waren wir über die Gründungsjahre hinaus zu einer verschworenen Gemeinschaft geworden.

Nach dem Abitur war es für mich schon eine merkwürdige Erfahrung, dem Orchester nun nicht mehr anzugehören. 1970 habe ich dann Halberstadt verlassen, um in Dresden ein Musikstudium zu beginnen.

Eine für mich wichtige Episode zum Schluss, die auch in gewisser Weise neuerlich den Mut unseres Orchesterleiters Herrn Loose beleuchtet:

Am 28. August 1977 heirateten wir, mein Mann Stefan und ich in der Liebfrauenkirche zu Halberstadt. Zu unserer großen Überraschung spielte dort auch das Streichorchester der Käthe-Kollwitz-Oberschule extra für uns, obwohl bestimmt keine explizite Genehmigung des Schulamts dafür vorgelegen haben dürfte.

Diese Geste war in diesen Zeiten mutig und tolerant, offenbarte aber auch eine besondere Ehrung und Wertschätzung und bleibt im Kontext der damaligen gesellschaftlichen Verhältnisse unvergessen.

Michael Auenmüller

*Orchester-Mitglied von ca. 1968 bis 1976,
mit gleitenden Übergängen in der Schul-und Lehrzeit*

Vorausschicken möchte ich zu Beginn, dass ich in meinem Leben beruflich eine musikalische Laufbahn einschlug, wobei ich definitiv erkennen muss, dass ich die ersten musikalischen Schritte, neben dem Celloüben mit meinem Vater, im Jugendstreichorchester gemacht habe. Dazu kam außerdem, dass ich aus einer sehr christlichen Musikerfamilie stamme. Mein Vater war Pfarrerssohn und nach dem 2.Weltkrieg später Dirigent und Musikdirektor am Volkstheater Halberstadt. Meine Mutter war erst Solo-Sängerin am Theater Staßfurt, und dann der Familie zuliebe im Chor des Theaters Halberstadt tätig.

Und meine 9 Jahre ältere Schwester, die zu der Gründergeneration des Jugendstreichorchesters gehört und als Konzertmeisterin am 1. Pult der Ersten Geigen spielte, wurde später auch Gesangssolistin. Die Prägung meiner Familie allein hätte aber meiner Meinung nach nicht gereicht, um einen professionellen musikalischen Lebensweg einzuschlagen. Zusätzlich war das gemeinsam gelebte freudige Musizieren im Streichorchester Halberstadt ganz sehr notwendig.

In den 1960/70er Jahren sind in Halberstadt politische Initiativen gestartet worden, die Jugendliche aus den Schulen an Instrumente heranführen sollten, um ihnen eine sinnvolle Freizeitgestaltung zu ermöglichen. So entstanden ein Blasorchester und eben auch unser Streichorchester unter der engagierten Leitung von Rolf-Reinhart Loose, der auch unser Musiklehrer an der Käthe-Kollwitz-Oberschule war. Dabei wurden die Kosten für die Instrumentallehrer und der notwendigen Instrumente vom Landkreis getragen.

Außerdem organisierte Herr Loose aus seinen Verbindungen zu Mitgliedern eines Volkschores, den er ebenfalls leitete, eine Patenschaft für unser Streichorchester mit dem Kombinat »*Fleisch- und Wurstwaren*« (bekannt durch die über die Landesgrenzen hinaus berühmten »*Halberstädter Würstchen*« für den Export hergestellt mit zarten neuseeländischen Schafsdärmen). So waren auch unsere Orchesterfeiern immer aufs Beste abgesichert, finanziell, aber auch mit »*zweite Wahl-Leckereien*« dieses Kombinats, die für uns immer eine erste Wahl waren. Zum Dank haben wir alljährlich eine Betriebsfeier mit unserer Musik umrahmt.

In dem von Rolf Loose betreuten Chor haben später auch manche sangesfreudige Musiker unseres Streichorchesters sängerisch ausgeholfen, wenn zum Beispiel eine Influenza-Welle den Chor-Tenor zu sehr dezimierte.

Um für das Streichorchester fit zu werden, hatten wir zu den Schulzeiten wöchentlich Einzelunterricht bei unseren Instrumentallehrern, die professionelle Musiker aus dem Orchester des Theaters in Halberstadt waren, sowie einmal wöchentlich eine längere Orchesterprobe, bei denen die jüngeren Mitglieder Stück für Stück eingearbeitet wurden. Besonders angenehm fand ich stets, dass alle Jahrgänge einer Schule gemeinsam musizierten, was den »*Kleinen*« Ansporn war, und den »*Großen*« immer Rücksicht abverlangte. Daraus ergaben sich fast familiäre Bande. Und diese verstärkten sich bei den Orchesterfahrten in verschiedene Übungslager in den Ferien. Da wurden dann Aufgabendienste verteilt zum Einkaufen, Essenkochen, Abwaschen usw., was unseren Zusammenhalt noch mehr erhöhte. In der Summe dieser Zeit kann ich sagen: Ich fand im Streichorchester meine Freunde und erfuhr in ihm meine Sozialisierung.

Bei den Orchester-Fahrten sind mir besonders die Übungslager in Eberswalde und Berlin im Gedächtnis. In Eberswalde ist eine besonders lustige Erinnerung, wie wir pubertierenden Jungs vom Baden in einem See zurück in unsere Schule, in der wir Quartier bezogen hatten, als Mädchen verkleidet von Orchestermitgliederinnen und Einheimischen belacht, nach Hause liefen. Und weiterhin würfelten wir abends, getreu des alten Germanen-Liedes »*zu beiden Seiten des Rheins*« um unsere Musikerinnen. Nach dem »*Erwerb*« wussten wir Jungs dann verschämt aber doch nichts so recht mit ihnen anzufangen.

In Berlin, wo wir, glaube ich, wesentlich fleißiger täglich musikalisch probierten, war unter anderem auch nett in der gleichen Schule einen Thüringer Mädchenchor aus Zella-Mehlis vorzufinden ….! Besonders interessant war diese Zeit auch, weil ein Bruder von Rolf Loose in Berlin tätig war und dort lebte. Mit seinen Insider-Kenntnissen vermittelte er uns eindrucksvolle Begegnungen und Zutritt zu bedeutenden Bauwerken und Orten, für die es schwer war, Eintrittskarten zu erhalten. Einmal wurden die Größeren in das Hotel »*Stadt Berlin*«, ein imposantes Hochhaus am Alexanderplatz, zu einem opulenten Essen eingeladen. Und das dort verzehrte Pfeffersteak, mit Blick über die Häuser Berlins, werde ich mein Leben lang nicht vergessen.

Unser erarbeitetes Können haben wir dann in Schulkonzerten und auch beim musikalischen Umrahmen der DDR-typischen Jugendweihen zum Besten gegeben. Da waren wir dann auch oft im Frühjahr an Sonntagen stets beisammen, und klapperten mit einem gecharterten Bus viele Kulturhäuser und Dorf-Gaststätten der naheliegenden Dörfer ab. (Übrigens: ich habe keine Jugendweihe erhalten, weil ich konfirmiert worden bin!)

Als ich nach dem Abschluss der Zehnten Klasse dann eine Lehrausbildung mit Abitur zum Agrotechniker/Mechanisator in Langenstein/Böhnshausen begann, war eine erste Forderung an mich, ich solle daselbst mit dem Sohn des Chefs der Saatzuchtabteilung, der Violine an der Musikschule in Halberstadt gelernt hatte, eine Streichergruppe gründen. So einfach war das nicht; gab es mit mir als Cellisten und besagtem Geiger nur noch eine Flöte und ein Akkordeon. Aber Kultur musste sein. Herr Loose im nahen Halberstadt machte es auch nach meiner Schulzeit möglich, dass ich sozusagen »*Aushilfen*« ordern konnte. Und so bekam die eher bäuerlich geprägte Bildungsstätte auch musikalische Kultur. Und man soll es in DDR-Zeiten nicht für möglich halten, erlebte ich bei der Familie des Saatzucht-Chefs zu Hause auch an einigen Nachmittagen richtig gut bürgerliche Hausmusik: Mutter am Klavier, Sohn und Vater die Violine streichend, und ich dabei den Grundton bedienend, kratzte nicht ganz so toll dazu mein Cello.

Einen gescheiterten Versuch eines Landmaschinen-Konstruktions-Studiums (ein Semester an der TU-Dresden) will ich nur deshalb erwähnen, weil ich natürlich auf der TU in Dresden erst mal dem Studentenorchester, Cello spielend und am letzten Pult sitzend (immerhin Tschaikowskis 3. Sinfonie intonierend), angehörte.

Nach dieser rundherum besten, und vor allem Praxis nahen musikalischen Früherziehung, was blieb mir dann also später anderes übrig, als mich auch der Musik hingebend, selbige in Form des Gesanges zu studieren.

Nach erfolgreichem Abschluss des Studiums und Engagements als Solist am Theater Stralsund und am Metropoltheater in Berlin, auch einigen Gastverträgen am Theater Halberstadt, (wo ich auch noch unter der Leitung meines Vaters den Jaquino in der Oper »*Fidelio*« von Ludwig van Beethoven gesungen habe, was mich im Nachhinein ganz besonders freut!) bin ich nach den Wende-Wirren im Dresdner Opernchor als 1. Tenor gelandet. Da gehöre ich nun wieder einer musizierenden Gruppe an. Und so erfreue ich mich weiterhin an schönen Konzert- und Opernaufführungen mit hervorragenden, teilweise berühmten Dirigenten und unerreicht singenden Solisten, die mitunter auch an erster Stelle in der Welt rangieren.

Abschließend will ich resümieren: Ohne das Streichorchester der Käthe-Kollwitz-Oberschule in Halberstadt, geleitet von Herrn Rolf Loose, wäre mein Leben vermutlich anders verlaufen. Allein das musikalische Elternhaus hätte mir, glaube ich, nicht die ausreichende Energie für diesen Lebensweg geliefert. Und es muss definitiv auf politischer Ebene auch irgendwie schützende Hände über das Jugendstreichorchester-Projekt gegeben haben. Vielleicht hatten wir so das Glück etwas aus der DDR-Realität herausgefallen zu sein, ich weiß es nicht; aber uns ging es ausgesprochen gut mit unserem musikalischen Freundeskreis.

Somit schaue ich recht dankbar auf die schöne Zeit im Jugendstreichorchester Halberstadt zurück, und freue mich, dass sie nun durch das Erscheinen eines Buches auch eine angemessene Dokumentation erhält.

Und dafür möchte ich mich auch ausdrücklich bei den Organisatoren dieses Buches, den Mitstreitern unserer Cello-Gruppe Rüdiger Pfeiffer und Stefan Andrusch sowie Gesine Pump von der Viola, bedanken.

Klemens Goethe

Erinnerungen an »Unser Streichorchester«

Ich glaube, dass ich wohl der erste der späteren Mitglieder des Jugend-Streichorchesters war, der den Lehrer Rolf-Reinhart Loose kennengelernt hatte.

Ab der fünften Klasse an der Friedensschule in Halberstadt unterrichtete er uns in Musik und Geschichte und wurde schon nach ganz kurzer Zeit zu einem unserer beliebtesten Lehrer.

Ich erinnere mich noch daran, wie gern wir bei ihm Unterricht hatten, denn er machte diesen sehr interessant und würzte ihn gern auch mit Humor und Spaß, was sonst nicht unbedingt üblich war. So musste z.B. die Klasse zu Beginn der Geschichtsstunde aufstehen und er fragte Geschichtszahlen ab. Mit dem Zeigestock wies er dann auf jemanden und wenn die Antwort richtig war, durfte er sich setzen.

Bald gründete er einen Schulchor und gewann mich als einen der sehr wenigen Jungen zum Mitsingen. Da ich wegen der aufrechten christlichen Erziehung meiner Eltern – mein Vater war Pfarrer der Johannis-Gemeinde – nicht Mitglied der Pioniere war, fand ich es schön, auf diese Weise auch mal »*dazuzugehören*«. Als meine Eltern erfuhren, dass ich im Schulchor mitsinge, fürchteten sie, dass dort nur die von ihnen ungeliebten kommunistischen Lieder gesungen würden. Ich konnte ihnen aber wahrheitsgemäß versichern, dass wir in der letzten Chorprobe »*Die Gedanken sind frei ...*« gesungen hatten und so waren sie erst einmal beruhigt. Bei einem privaten Besuch von Herrn Loose bei meinen Eltern wurden weitere Bedenken ausgeräumt und sie lernten sich gegenseitig schätzen. Ich blieb im Chor. Der Schulchor existierte aber nicht sehr lange, denn Herr Loose muss wohl schon bald unsere Schule in Richtung Marx-Engels-Schule verlassen haben.

Da er von meinem Geige spielenden Bruder Burckhard wusste und auch davon, dass ich gern Cello lernen würde, sprach er uns bald an, ob wir nicht Lust hätten, dem von ihm neu gegründeten Streichorchester der Marx-Engels-Schule beizutreten. Natürlich taten wir das sehr gern. Zum einen eben, weil wir ihn selbst sehr verehrten, zum anderen war es für meine finanziell sehr mäßig ausgestatteten Eltern angenehm, dass ich dort kostenlos Cello-Unterricht bekommen würde.

Das Vorhaben, ein Streichorchester zu gründen, war in der Schullandschaft der DDR etwas ziemlich Einmaliges. Blasorchester gab es viele, aber ein Orchester, das sich der Klassischen Musik widmete, war außergewöhnlich.

Unterrichtet wurden wir von Musikern des Theaterorchesters. Unser Cellolehrer war Herr Fritzsch, ein älterer, recht engagierter, aber manchmal auch etwas mürrischer Mann, wenn die Leistung im Unterricht nicht seinen Vorstellungen entsprach. Als stv. Solo-Cellist des Volkstheaters Halberstadt war er unzweifelhaft ein sehr guter Musiker, der uns auch Vieles beibringen konnte, aber eben kein passionierter Pädagoge. Im Grunde mochten wir ihn aber sehr und waren dankbar für seinen Unterricht.

Das ziemlich bald beginnende Zusammenspiel im Orchester machte natürlich mehr Freude, als das einzelne Üben zu Hause. So freuten wir uns immer auf die Proben mit Herrn Loose, der auch hier immer mit Spaß und dennoch konzentriert mit uns arbeitete.

So entstanden natürlich schnell auch viele Freundschaften zwischen uns Orchestermitgliedern. Es gab ja auch einige sehr nette Mädchen dabei, was die Vorfreude auf die Proben natürlich noch steigerte. (Ich nenne jetzt aber ganz sicherlich keine Namen).

Nach kurzer Zeit schon war das Streichorchester zu meinem wichtigsten Hobby und damit zum absoluten Mittelpunkt meiner Freizeitgestaltung geworden. Worum Rolf Reinhart Loose (RRL) bat, was er sagte oder verlangte, war für uns Gesetz!

Besonderen Spaß machten die alljährlich während der Sommerferien in Waren an der Müritz stattfindenden Orchester-Trainingswochen. Wir wohnten und übten in einer Schule. Mehrmals täglich fanden wir uns in der Aula zu mehrstündigen Proben zusammen, und das, in der Regel, ohne zu murren. Dies zeigt deutlich, wie gut RRL es verstand, das Interesse für Musik in uns zu wecken und uns dabei mit Engagement und Witz zu doch schon ganz akzeptablen Leistungen zu motivieren.

Trotz vielen Probens kam aber auch die Freizeit nicht zu kurz. Wir tobten uns an den Warener Badeseen aus, spielten viel, hockten am Lagerfeuer und kletterten nachts auch mal aus dem Fenster, um als Zaungäste heimlich der Aufführung des Openair-Kinos zuzuschauen. Und es gab noch nicht mal ernstlichen Ärger, als RRL uns dabei erwischte.

Wöchentlich, manchmal auch an Wochenenden und in den anderen Ferien zeitweise täglich, trafen wir uns zu den Orchesterproben in der Marx-Engels-Schule.

Besonders in der Anfangszeit wurden wir neben den Gesamtproben hierbei von RRL manchmal auch zum sogenannten Einzelüben verdonnert. Dazu schloss er uns tatsächlich einzeln in verschiedene Klassenräume ein und dort hatte nun jeder für sich die Orchesterstimme zu üben. Wenn ich heute darüber nachdenke, wundert es mich, dass wir uns dies gefallen ließen, zeigt aber eben auch wieder, wie sehr wir hinter ihm standen.

Nun wurde es aber nach einiger Zeit langweilig, immer nur zu üben. Wir erdachten uns Tricks zur Abwechslung. Ich entsinne mich, dass wir von Klassenraum zu Klassenraum Karten spielten. Dazu ließen die in oberen Etagen Übenden aus dem Fenster Karten an Bindfäden zu den unteren herab, diese knüpften ihre Karten an und so fand ein recht mühsames Kartenspiel statt. Doch Loose wäre nicht Loose, wenn ihm solch schnödes Tun verborgen geblieben wäre. Er muss wohl auf den Fluren entlang geschlichen sein, um an den einzelnen Türen zu lauschen, ob auch fleißig geübt wird. Wenn er nun einige Zeit an einer Tür nichts hörte, donnerte er mit der Faust dagegen – und wir ergriffen brav wieder das Instrument. Schön war, dass RRL so etwas niemals bierernst nahm, sondern dabei auch immer schmunzeln konnte. Wohl auch ein Grund für das große Vertrauen, das wir ihm gegenüber empfanden!

Höhepunkte im Orchesterleben waren für uns dann immer die Konzerte in der Aula der Käthe-Kollwitz-Schule, wo wir unser Repertoire stolz den Eltern, Verwandten und Freunden vorstellen konnten. Bei diesen Konzerten wurden wir häufig von Musikern des Theaters verstärkt und hatten vereinzelt sogar bekannte Solisten dabei.

Wenn ich heute zurückdenke, kann ich mich zwar gar nicht mehr so recht an viele detaillierte Einzelheiten oder bestimmte Episoden mit dem Streichorchester erinnern, aber im Allgemeinen spüre ich noch, wie sehr ich mich damals dort wohl gefühlt habe und dass es immer Freude machte, dazu zu gehören, mit den Orchesterfreunden zusammen zu sein und unter der Leitung von RRL zu musizieren.

Wohl nahezu bis zum Abitur war ich dann Mitglied des Orchesters, also etwa acht Jahre lang. Aus politischen Gründen wurde mir nach erfolgreichem Abi der Zugang zu einem Studium verweigert. Herrn Hans Auenmüller, damals Musikdirektor am Volkstheater Halberstadt, habe ich es zu verdanken, dass ich über Umwege dann von 1976 bis 1981 an der Musikhochschule »*Felix Mendelssohn Bartholdy*« in Leipzig Kontrabass studieren konnte. Aus heutiger Sicht bin ich sehr froh, dass alles so kam, denn ich glaube, dass ich in keinem anderen Beruf so glücklich hätte werden können, wie ich es in dem des Musikers wurde. Bis zu meiner Ausreise in die Bundesrepublik im Sommer 1989 war ich als Kontrabassist Mitglied des Orchesters des Volkstheaters Halberstadt. In diesen Jahren half ich dann bei Bedarf noch oft im Streichorchester als Kontrabassist aus.

Obwohl ich mich seit meiner Ausreise hauptberuflich mit EDV beschäftige, gehört meine tiefere Liebe nach wie vor der Musik. Im Nebenberuf spielte und spiele ich nun noch viel und gern als Kontrabass-Aushilfe in verschiedenen Profi-, aber auch Laienorchestern der Regionen Hannover, Braunschweig und Bielefeld. Die Musik wird immer ihre zentrale Stellung in meinem Leben behalten.

Abschließend möchte ich sagen, dass ich meine bis heute anhaltende Liebe zur Klassischen Musik neben der musischen Erziehung in meinem Elternhaus in erster Linie Rolf-Reinhart Loose und dem Jugend-Streichorchester Halberstadt zu verdanken habe.

Bernd Moczko, Violoncello • Rolf-Reinhart Loose, Dirigent
Jugendstreichorchester Halberstadt
im Festsaal der Dompropstei

Bernd Moczko

Ich gehöre zur ersten Generation des Orchesters und war seit 1966 dabei. Die Mitgliedschaft im Schüler-Streichorchester hat meinen Lebensweg beeinflusst und die Musik hat viele Jahre meine Hobbys geprägt und mich begleitet. Ich wurde mit 10 Jahren in der damaligen Marx-Engels Schule gefragt, ob ich mir ein Instrument aussuchen möchte, um vielleicht im Orchester mitzuspielen.

Ich entschied mich sofort für das Cello, auch wenn zunächst scheinbar meine Hände noch zu klein waren: ich wollte kein anderes Instrument! Ich ging zum Einzelunterricht, doch bald schon durfte ich mit den anderen im Orchester spielen und so füllte Musik meine Freizeit aus: Üben, Einzelunterricht, Orchesterproben und ich durfte zusätzlich Unterricht nehmen bei Herta Rennebaum, der begnadeten und energischen Musikpädagogin, die vielen Halberstädtern in guter Erinnerung bleibt.

Sie war es auch, die mich mit Gabriele Auenmüller (Violine) und Elisabeth Schreiner (Klavier) als Trio zusammenbrachte und uns zu Talentwettbewerben anmeldete. Unvergesslich der Auftritt mit diesem Trio bei »*Herzklopfen Kostenlos*« mit dem berühmten Fernsehentertainer Heinz Quermann in Magdeburg.

Ich hatte mit meinen Instrumentallehrern großes Glück und Herr Rudolf Fritzsch, damaliger stv. Solo-Cellist am Volkstheater Halberstadt, motivierte mich immer und immer wieder.

In der Zwischenzeit war das Orchester ein fester Bestandteil meines Lebens geworden, ich hatte die Schule gewechselt und war gemeinsam mit dem Orchester in die Käthe-Kollwitz-Schule umgezogen und die zahlreichen Auftritte gehörten selbstverständlich dazu. So z.B. die Umrahmung der Jugendweihen im Theater, Auftritte bei Orchestermitgliedern zu Jubiläen und Hochzeiten und vor allem die regelmäßigen Konzerte in der Aula der *»Kä-Ko-Schule«*.

Die Einladung von 1972 durch den Solisten Herrn Dommus von der Staatskapelle Berlin, erinnert an ein legendäres Konzert, bei dem uns der Solist eine »*erstaunliche Qualität*« bescheinigte.

Unsere Liebe zur Musik und die Qualität des Musizierens wurden außerdem unterstützt und geprägt durch gemeinsame Besuche der Sinfoniekonzerte des Theaterorchesters, in dem unsere Instrumentallehrer musizierten, und vor allem der *Stunde der Musik* in der Dompropstei. Diese Konzertreihe, die seit Jahrzehnten in Halberstadt durch den Musikpädagogen Hans-Ulrich Sauer konzipiert und organisiert wurde, holte international bedeutende Solisten in unserer Stadt, die wir live erleben durften.

Wir verbrachten auch einen Großteil der Ferien gemeinsam: Dass die Orchestersommer noch heute unvergesslich sind, lag in erster Linie an Rolf-Reinhart Looses Talent, die Qualität des Orchesters immer wieder zu steigern und uns neben der Feriengestaltung zu Höchstleistungen zu ermutigen. Dies waren keine gewöhnlichen Zeltlager: Am Vormittag wurde über mehrere Stunden intensiv geprobt, und am Nachmittag ging es baden oder ins Kino. Am schönsten waren die Abende: Lagerfeuer, Grillabende und das Musizieren und Singen in gemeinsamer Runde haben uns alle geprägt. Als einmal ein Vertreter der Gemeinde kam und Herrn Loose aufforderte, sofort das Feuer zu löschen, da dies untersagt sei, meinte er nur: *»Was für Feuer? Wir grillen doch nur«*. Darauf der Verantwortliche: *»Und haben Sie denn auch für den Notfall Wasser parat?«* Herr Loose deutete auf einen etwas abseits stehenden Kanister: *»Selbstverständlich«*. Dass dies wohl eher Brennspiritus für die Spirituskocher war, ist bis heute unser Geheimnis geblieben.

Herr Loose war ein hervorragender Dirigent und verstand es ausgezeichnet, Jugendliche zu begeistern und an klassische Musik heranzuführen, Selbstvertrauen und Ausdauer zu entwickeln und sich eine eigene Meinung zu bilden. Dass wir auch für unseren Orchesterleiter probten, auch wenn es mal schwer fiel, versteht sich von selbst. Ihn wollte keiner enttäuschen.

Es war für mich selbstverständlich, nachdem ich einen Beruf lernte, zur Armee eingezogen wurde und eine Familie gründete, dass ich bei Auftritten aushalf, wenn mal ein Cellist oder Bassist gebraucht wurde und ich schon kein aktives Mitglied mehr war. Mit der soliden instrumentalen Ausbildung lag es nahe, auch andere Streich- und Zupfinstrumente auszuprobieren. Ich spielte in den folgenden Jahren die verschiedensten Instrumente in einer Folkband.

In den 1980er Jahren habe ich (als Aushilfe) im Orchester der nächsten Generation mit meiner Tochter Andrea gemeinsam musiziert. Rolf-Reinhart Loose, der viel zu früh verstarb, lebt in unserer Erinnerung weiter.

Heidemarie Misgaiski
geb. Baumeyer

Wie kam ich zur Musik und wie prägte sie mein Leben

Man schrieb gerade das Jahr 1965, zu der Zeit war ich gerade 11 Jahre alt. Nach einer kurzen Stippvisite in der damaligen Sportschule in Halberstadt im Bereich Schwimmen kam ich schnell zu der Erkenntnis, dass die Sportschule überhaupt nichts für mich ist. Von morgens bis abends nur Schule und Training. Also mussten meine Eltern mich wieder dort abmelden und in meiner ehemaligen Schule, der Marx-Engels-Oberschule, wieder anmelden. Glück hatte ich auch, denn ich kam wieder in meinen alten Klassenverbund, welch ein Glück. Sport habe ich zwar noch immer gemacht, aber nicht unter diesen quälerischen Bedingungen.

Wie vielleicht noch einige wissen, gab es ja an der Marx-Engels-Oberschule, genannt Marxer, das bekannte Blasorchester unter der Leitung von Hans Hasselmann, einem Musiklehrer. Nun sollte auch an dieser Schule ein Streichorchester ins Leben gerufen werden. Und da sich viele Klassenkameraden gemeldet haben ein Streichinstrument zu lernen, habe ich gedacht das kannst du auch, ohne überhaupt eine Ahnung von diesen Instrumenten zu haben. In der Schule konnten wir unseren Instrumentenwunsch äußern, ich wollte unbedingt Geige spielen lernen. An einem Nachmittag wurden die interessierten Schüler in die Schule gebeten und die Instrumente wurden »verteilt«. Mein Wunsch, eine Geige zu bekommen, wurde nicht erfüllt, da nicht so viele Instrumente vorhanden waren. Da ich für mein Alter schon recht groß war, wurde mir eine Bratsche empfohlen. Zwar war ich erst einmal enttäuscht, aber ich konnte mich dann doch mit dem Gedanken anfreunden, dieses Instrument zu erlernen. Nach ca. 2 Stunden bin ich dann mit meiner Bratsche ganz stolz nach Hause gegangen und habe meinen Eltern erzählt, was ich an diesem Nachmittag über das Instrument erfahren habe.

Ja, nun hatte ich das Instrument und es sollte auch endlich losgehen mit dem Proben. Jetzt wurde es ernst und meine Stimmgruppe bekam von Volkstheater Halberstadt einen Bratscher aus dem dortigen Orchester als Lehrer. Er hieß Wolfgang Beinroth, der uns im Einzelunterricht das Instrument erklärte und als erstes die Tonleitern beibrachte. Durch ständiges Üben wurden die Töne immer besser und ich wollte auch andere Stücke können.

Da Herr Hasselmann nicht beide Orchester leiten konnte, wurde zur Gründung eines Streichorchesters ein anderer Musiklehrer, Rolf Reinhart Loose, der von der Friedensschule an die Marxer wechselte, damit betraut. Und durch ständiges intensives Üben haben wir es geschafft, im Oktober 1969 unser 1. Konzert in der Aula der Käthe-Kollwitz-Oberschule zu geben. Weitere Konzerte folgten und auch zur feierlichen Umrahmung bei Jugendweiheveranstaltungen wurden wir gebucht. Es war eine sehr schöne Zeit, die meine Jugend prägte. Jedes Jahr in den Sommerferien fuhren wir alle gemeinsam in den Urlaub, um uns intensiv auf unsere Konzerte vorzubereiten. Auch die Freizeit und der Spaß blieben dabei nicht auf der Strecke. Ganz besonders schön waren die Abende am Lagerfeuer, wo wir gemeinsam gesungen haben.

Im Jahr 1974 gab es einen Bruch zur Musik. Ich gründete eine Familie und da blieb mit zwei Kindern keine Zeit für mein Hobby. Aber die Musik ließ mich nie so richtig los und bis heute spielt sie in meinem Leben eine große Rolle. Vor 16 Jahre wechselte ich von meinem damaligen Arbeitgeber zum heutigen Nordharzer Städtebundtheater. Hier arbeite ich als Sekretärin beim Intendanten. Damit bin ich jeden Tag hautnah an dem musikalischen Geschehen dran und besuche natürlich auch sehr oft Vorstellungen und Konzerte. Mit dem Fieber der Musik wurde auch unser erstgeborener Sohn Marco angesteckt. Als 11jähriger (heute 40 Jahre alt) begann er im Theater als Statist, um sein Taschengeld aufzubessern. Und heute lebt er mit einer Opernsängerin zusammen und arbeitet am Nationaltheater Mannheim als Persönlicher Referent des Intendanten und Musikdirektors. Also – Musik wird in der Familie weiter gelebt.

Eine Anekdote

Es war das Jahr 1965 (der Beginn meiner musikalischen Karriere). Auf dem Weg zu unserem Instrumentallehrer Herrn Beinroth zum Unterricht, fanden meine Pultnachbarin, Sabine Rein, und ich einen kleinen Hartgummiball. Mit diesem Gummiball spielten wir unterwegs Fußball. Kurz vor der Schule hatte der Ball so einen Schwung drauf, dass er in ein Kellerfenster eines Wohnblocks neben der Schule sauste. Das Kellerfenster hatte ein Loch und Sabine und ich schauten uns nach allen Seiten um, ob uns auch ja keiner gesehen hat.

Hinter uns kam auf einmal ein Mann auf uns zu und sagte: »*Aber nun schnell weg*«. Sabine und ich nahmen unsere Instrumentenkästen unter den Arm und liefen, was das Zeug hält. Herr Beinroth wartete schon auf uns, um zu hören, was und ob wir zu Hause geübt haben. Plötzlich ging die Tür zum Klassenzimmer auf und der Mann, der uns zum Weglaufen anstiftete, stand drin. Wir dachten sofort, dass der uns jetzt verpetzt und wir hatten beide panische Angst. Aber nichts dergleichen geschah. Er zwinkerte uns zu und stellte sich bei Herrn Beinroth als zukünftiger Orchesterleiter vor. Es war Rolf Reinhart Loose, der im kommenden Schuljahr unser Geschichts- und Musiklehrer wurde. Wer auch immer die Kellerfensterscheibe eingeschmissen hat, blieb immer ein Geheimnis.

Peter Liehr

Meine Erinnerung

Im »zarten« Alter von sage und schreibe sieben Jahren, ich besuchte gerade die zweiten Klasse der Marx-Engels-Oberschule, kamen meine Eltern mit dem Vorschlag, im Streichorchester unter Leitung von Herrn Loose mitzuspielen. Das klang aufregend, es war aber zum damaligen Zeitpunkt von mir überhaupt nicht einzuschätzen, mit welchen Konsequenzen ich ab diesem Zeitpunkt zu rechnen hatte. Ein Instrument lernen – welches überhaupt ? – Unterricht, Einzelprobe, Gesamtprobe und auch das Üben zu Hause.

Klassenkameraden und Freunde waren mit Fußball, Fahrrad und Co. unterwegs, und ich stand vor dem Notenständer mit meiner Bratsche in der Hand. In vielen Fällen kann ich mich an meinen Unmut über diese Entscheidung meiner Erziehungsberechtigten erinnern, zumal es in unserer Familie niemanden gab, der der Musik – außer der aus dem Radio – besonders zugetan war.

Aus der heutigen Sicht muss ich aber sagen, dass die damalige Entscheidung meiner Eltern für mich persönlich nicht die schlechteste war. Ich habe neue Leute und Freunde, den Umgang mit Erfolg und Niederlage, und in gewisser Weise auch Durchsetzungsvermögen kennengelernt. Alles in allem war die Zeit der Zugehörigkeit zum Orchester für mein weiteres Leben doch recht prägend gewesen. Denn das Musizieren war nur eine Seite der Medaille, die andere war der Spaß, den wir alle miteinander hatten. Sehr erfolgreiche Konzerte, gemeinsame Ausflüge zu Fuß, mit dem Fahrrad oder dem Paddelboot, selbst ganze Urlaubswochen haben wir gemeinsam verbracht. Und da stand nicht das Üben, sondern Spaß und manchmal auch Unfug im Vordergrund.

Ich wusste bis dato nicht, wie es ist, bis spät in die Nacht am Lagerfeuer zu sitzen und Brot und Fleisch zu rösten, umgedichtete Lieder zu singen, Zwerchfellschmerzen vom vielen Lachen erleiden zu müssen, Hühner einzufangen und zum längeren Ausschlafen auch schon mal ein Lautsprecherkabel zu kappen.

Eine Zeit in meinem Leben, die ich einfach nicht missen möchte.

Ich ärgere mich heute jedenfalls noch über meine damalige Entscheidung, mit dem Abschluss der Schule 1974, aus dem Orchester auszutreten. Ich denke, mir sind dadurch noch schöne und erlebnisreiche Begebenheiten versagt geblieben.

Jetzt macht meine Tochter Musik. Sie spielt zwar kein Streichinstrument, sondern Klarinette und macht aber freiwillig trotz Studium im Jugendblasorchester Halberstadt immer weiter, vielleicht auch ein Ergebnis dessen, was meine Eltern vor 49 Jahren für mich entschieden haben.

Dank an meine Eltern und besonderen Dank an Rolf-Reinhart Loose, mit deren Entscheidungen und Fürsorge ich diese schöne Zeit erleben durfte.

Stefan Andrusch

Prägung meiner Kindheit, Jugend- und Erwachsenenzeit durch das Jugendstreichorchester Halberstadt unter Leitung von Rolf-Reinhart Loose

September 1971: Beginn mit Cellounterricht bei Herrn Rudolf Fritzsch,
Stv. Solo-Cellist des Theaterorchesters Halberstadt
3. Cello-Pult hinter Rüdiger Pfeiffer, Bernd Moczko,
Sibylle Strathmann und Petra Denecke
Weitere Cellisten meiner aktiven Zeit waren Dietrich Mund
Kay Lautenbach und Michael Auenmüller

Mit dem Wechsel des Jugendstreichorchesters von der Marx-Engels-Oberschule zur Käthe-Kollwitz-Oberschule 1971 erschloss sich mir als Schüler der Kä-Ko eine barrierearme Möglichkeit des Erlernens eines Musikinstrumentes. Ich entschied mich sofort für das Violoncello, weil mir dies am ehesten zu einem Jungen passte.

Die anfängliche Euphorie wurde durch eine strenge Lehrauffassung meines Lehrers Rudolf Fritzsch, 2. Solo-Cellist im Halberstädter Theaterorchester, auf eine harte Probe gestellt, wofür ich ihm im Nachhinein nur dankbar sein kann.

Nach etwa 12 Monaten Einzelunterricht in der Käthe-Kollwitz-Schule beorderte mich Rolf-Reinhart Loose zur ersten Orchesterprobe. Dort wurde ich durch die Cellistengruppe Rüdiger Pfeiffer, Bernd Moczko, Sibylle Strathmann und Petra Denecke herzlich aufgenommen.

Ich konnte zwar bei den gespielten Stücken oft nur Fragmente überblicken und mitspielen, aber das wunderbare Gefühl, nun Teil eines Ganzen zu sein und die Art des Dirigenten, neben Kritik auch immer wieder aufmunternde Worte und Gesten zu finden, ließ mich begeistert nach Hause kehren. Der Knoten war geplatzt, und plötzlich waren das Üben am Instrument und das Engagement bei den Einzelproben keine schrecklichen Pflichtaufgaben mehr.

Meine solistischen Fähigkeiten entwickelten sich nicht so rasant, wie bei manchen Kommilitonen in der Musikschule, ich hatte als Jugendlicher viele

Interessen unter einen Hut zu bekommen (Leichtathletik, Handball, Mokick, Mathe-Olympiaden …), jedoch etablierte sich zunehmend die Liebe zur Orchestermusik und besonders zur Klassischen Musik, welche mein gesamtes bisheriges Leben nicht mehr verließ. Ebenfalls nicht das innige Zusammengehörigkeitsgefühl in der Gruppe, jeder war für jeden da, die Älteren kümmerten sich um die Jüngeren, es war wie in einer großen Familie. Hier möchte ich unserem Orchersterleiter Herrn Loose danken, der alles in seinen Möglichkeiten stehende unternahm, uns regelmäßig Höhepunkte für unseren Übefleiß zu schaffen.

In erster Linie sind die jährlichen Konzerte in der Aula der Käthe-Kollwitz-Schule oder im Klubhaus der Werktätigen zu nennen. Musikstücke von Hans Auenmüller und Wolfgang Huth aus Halberstadt sowie von Dittersdorf, Stamitz, Mozart, Telemann, Händel, Ungarische Tänze, Evergreens und Musicalmelodien wie *Black Button* aus *Mein Freund Bunbury* von Gerd Natschinsky, Stücke aus *My fair Lady* und natürlich der unverwüstliche *Radetzkymarsch* sind mir noch in guter Erinnerung.

Ebenfalls unvergesslich bleiben für mich die Orchestertrainingslager in Malchow, Finow, Berlin, Stiege und Potsdam und ebenso die Abenteuer beim Wasserwandern in den Seen der Mecklenburger Seenplatte, ausnahmsweise ohne Instrument! Wenn am Lagerfeuer das Lied „*Jenseits des Tales…*" erklang, erübrigte sich die Frage nach dem Sinn des Lebens.

So etwa um das Jahr 1975 kam es zu einem erheblichen Umbruch im Orchester, denn viele Mitglieder hatten ihren Schulabschluss in der Tasche, gingen zum Studium oder in die Lehre oder mußten als Jungs zur NVA, und es gab keine Rücken mehr vor mir, hinter denen ich mich verstecken konnte.

Eine neue Generation Führungskräfte wurde benötigt und ich nahm die Herausforderung an. Mit viel Ehrgeiz und Anstrengung versuchte ich gemeinsam mit den Cellisten Michael Auenmüller, Kay Lautenbach und Dietrich Mundt, das Niveau des Klangkörpers weiterzuführen.

Auch nach dem Ausscheiden meines Jahrgangs aus dem Jugendstreichorchester gab es immer wieder Treffen und Begegnungen.

Ein Schock für uns alle war das Ableben von Herrn Loose im Jahre 1998 nach langer Krankheit. Der Auftritt des Orchesters zur Beerdigung war für mich der letzte mit diesem Ensemble.

Nach Jahren mit eher sporadischen Aktivitäten im Familienkreis habe ich seit 2006 meine Liebe zum Cellospiel und zur klassischen Musik im neu gegründeten Collegium Musicum an der Musikschule Halberstadt wieder aufleben lassen. Wenn nichts Unvorhergesehenes dazwischen kommt, sehe ich hier die Verwirklichung eines Hobbys bis ins höhere Alter. So lange ich mein Cello noch selbst tragen kann, so lange möchte ich auch gern mitspielen. Herrn Fritzsch und Herrn Loose wird dies bestimmt freuen, wenn sie von oben auf uns herunterschauen.

Adventsmusik

Es war im Advent 1977. Für unseren Orchesterleiter hatten wir uns als Dank für seine aufopferungsvolle Tätigkeit über all die Jahre, eine Überraschung ausgedacht. Seine Frau Christine sollte ihn zu einer außerordentlichen Chormitgliederversammlung in den »*Klub der Intelligenz*« locken, wo aber sein Orchester mit einem Konzertprogramm wartete.

Er wollte partout nicht dahin und meinte, dass es auch mal ohne ihn gehen müsse. Ich weiß nicht, was sie ihm noch alles erzählt hatte, um ihn umzustimmen. Jedenfalls machte er sich dann doch ein wenig missmutig und mit einiger Verspätung auf den Weg. Wir dachten schon, dass alle Arbeit und weihnachtliche Heimlichkeit umsonst gewesen sei, da kam die frohe Nachricht von Paula Knischka, der guten Seele im Klub der Intelligenz: »*Er ist da!*«

Wir begannen zu spielen, bevor er den Saal betreten hatte. Rolf Reinhart Loose strahlte vor Verwunderung, Freude und Stolz, ließ nicht lange auf sich warten, den Dirigentenposten einzunehmen und fragte sofort: »*Was wollt Ihr noch so spielen? Und die Bratschen und die Celli waren zu laut!*«

Nach dem Konzert saßen wir noch den ganzen Abend zusammen. Rolf Reinhart kaperte den Flügel und wir sangen gemeinsam Weihnachtslieder, Moritaten und so manchen Kanon.

Das Programmplakat habe ich kürzlich wiedergefunden und mich so an diesen schönen Tag erinnern können.

Es spielten:
Ines Herrmanns, Gilda Steimetzer, Roman Sekula .... Geige
Thomas Andrusch, Gesine Fischer, Jens Kaschub .... Bratsche
Stefan Andrusch, Michael Auenmüller .... Violoncello
Hans-Günther Strauch .... Klavier

Adventsmusik

Großes Weihnachtskonzert

Es spielen:

„Die Loosianer"

Leitung: Gebrüder Stefan u. Thomas Andrusch (Cello/Viola)

Konzertmeister: Ines Hermann

Mitwirkende: Gilda Steinmetzer (1. Violine)
Roman Sekulla (2. Violine)
Gesine Fischer (Viola)
Jens Kaschub (Viola)
Michael Auenmüller (Cello)

Gäste: Hans-Günther Strauch (Piano)

Programmablauf:

1. Süßer die Glocken .... F-Dur
2. Märchen v. K. Komzak
3. Menuetto aus Quartett N° 47 von Haydn
4. Eine kleine Nachtmusik v. W. A. Mozart
   1. Satz Allegro
5. Applaus

Adventsmusik

Überraschung gelungen: Christa Dahrmann • Christine Loose • Rolf-Reinhart Loose • Ines Hermanns

Silvesterparty 1978/79

Silvesterparty 1978/79
Von der kommenden Schneekatastrophe war noch nichts zu spüren.

Silvesterparty 1978/79

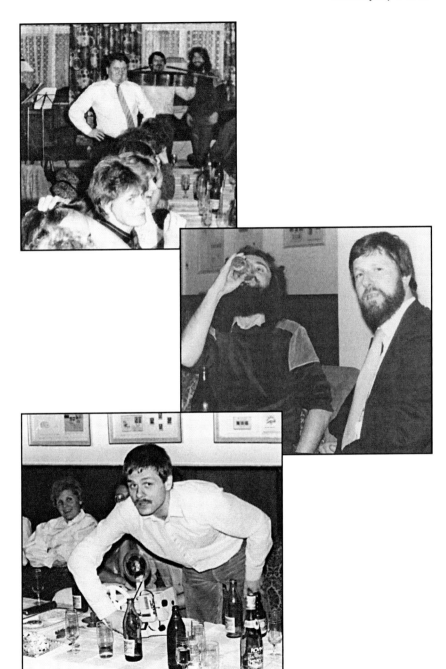

Silvesterparty 1978/79

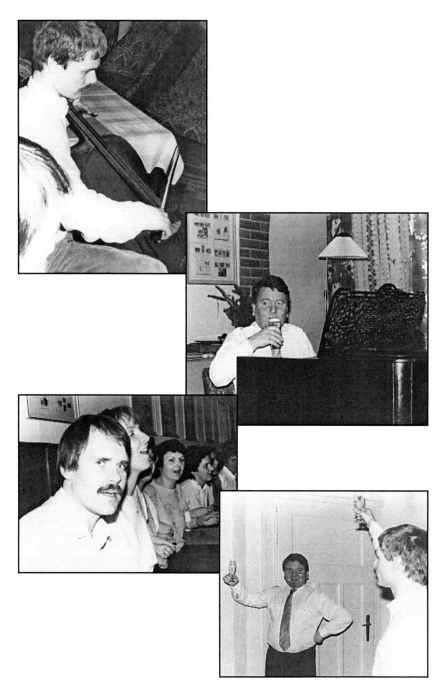

Patricia Hehn

geb. Kretschmer
Aktiv im Orchester: 1972 bis 1981

Im Jahr 1971 wurde ich in die Käthe-Kollwitz-Oberschule eingeschult. Meine Schwester Andrea war schon in der 2. Klasse und begann mit dem Geigenspiel. Ich war fasziniert von dem Instrument und wollte unbedingt eine Geige. Also machte ich mich auf die Suche nach Herrn Loose, der an dieser Schule Musiklehrer war. Ich ging alle zwei Tage zu ihm und nervte solange, bis er meine Mutti zu einem Gespräch einlud. Er erklärte ihr, dass meine Finger noch zu klein für eine Geige sind und ich noch ein Jahr warten muss. Ich war enttäuscht, aber ich wollte nicht aufgeben. Damit der Abstand zwischen den Fingern passend wird, legte ich mir Korken zwischen die Finger und machte Fingerübungen.

Dann war es endlich soweit. 1972 bekam ich eine Geige. Jeden Montag hatte ich Einzelunterricht in der Schule, beim gleichen Lehrer wie meine Schwester. Herr Junkel hieß er und arbeitete am Theater als Orchestermusiker. Der Unterricht machte viel Spaß und für zu Hause gab es natürlich auch kleine Übungsstücke auf.

An der Kä-Ko-Schule gab es bereits ein Orchester, welches unter der Leitung von Rolf-Reinhart Loose stand. Die Proben fanden jeden Dienstag 18 bis 20 Uhr und Freitag von 17 bis 19 Uhr statt. Für das Orchester musste man bestimmte Sachen können, um mitspielen zu dürfen. Also hieß es üben, üben, üben.

In den Ferien fuhren wir alle in ein Übungslager. Es ging nach Malchow, Eberswalde Finow, Berlin, Stiege ... Dort hatten wir zwei-, dreimal am Tag Probe. Ich war das erste mal 1973 in Malchow mit. Dort lernte ich Gilda Steinmetzer kennen, die in meinem Alter war. Da wir beide noch nicht im Orchester spielten, durften wir in einem Extra-Raum üben. Die anderen »*Großen*« sollten immer ein Auge auf uns haben. Ich fand dieses Orchesterleben herrlich. Es war immer was los. Wir machten Ausflüge mit einem kleinen Schiff, legten irgendwo an, dann wurde gegrillt – einfach toll. Am Abend saßen alle am Lagerfeuer. Es wurde gesungen (»*Es saßen die alten Germanen*«, »*In einen Harung ...*«), Rolf Loose spielte dazu auf dem Akkordeon und die Großen tranken Bier ... Es ist eine unvergessliche Zeit. Alle haben sich gut verstanden. Ach ja, das Kartoffelschälen habe ich in solchen Übungslagern gelernt, denn jeder hatte mal Küchendienst. Da wurden aus den Kartoffeln auch mal ein paar hübsche Gesichter geschnitzt.

Irgendwann spielte ich auch im Orchester. Ich saß neben meiner Schwester und wir spielten bei den 2. Geigen. Ab und zu gab es auch schon mal Kopfnüsse für falsche Töne. Damals gab's so etwas noch.

Jedes Jahr hatten wir tolle Erlebnisse, wie z.B. den Besuch in Berlin, ein Auftritt im Palast der Republik, unsere eigenen Konzerte (in der Schule und im Theater Halberstadt), Auftritte zu Jugendweihen oder die Feiern im *Klub der Intelligenz*.

Bis 1981 war ich im Orchester. Dann begann mein Studium und wir zogen aus Halberstadt weg. Es war eine super Zeit mit vielen tollen Menschen!!!

Sabine Porzelt

Zunächst mal die Fakten: *Sabine Porzelt, geb. Sepp*
Aktiv im Orchester: *1975 bis 1983*
Instrument: *Geige, am 2. oder 3. Pult der 2. Geigen*
Meine Lieblingsstücke?   *Händels Wassermusik und Feuerwerksmusik, Auenmüller-Sinfonien, Mein Freund Bunbury*
Was mochte ich gar nicht?   *Gefangenenchor aus Nabucco – ganz schrecklich für die 2. Geigen, jedenfalls für mich*

Was hat mir die Zeit gebracht?
Neben dem Zugang zur Musik, vor allem zur klassischen (welcher „normale" Jugendliche kennt schon Bach- und Händel-Musik?), gaaaanz viel Spaß, viele Freunde, gemeinsame Erfolgserlebnisse, Bestätigung.

Und – das habe ich damals sicher anders gesehen – das Zwingen zu Disziplin, eben üben, üben, üben. Aber das fiel mir mit dem Eintritt in das Orchester viel leichter. Vorher hatte ich nur Einzelunterricht an der Musikschule, ich spielte also nur für mich, im – mehr oder weniger – »*stillen Kämmerlein*«. Aber im Orchester gab es eben auch Auftritte, Konzerte, also – ZUHÖRER. Da machte das Spielen, besser das Richtig-Spielen, einen Sinn.

Ein Härtetest für die Disziplin waren auf jeden Fall auch die Jugendweihe-Wochenenden, alljährlich im Mai. Während Freunde und Familie ausschlafen konnten, hieß es für uns auch sonntags früh aufstehen, ab in den Bus und raus in die Dörfer des Kreisgebietes. So richtig geliebt hat diese Auftritte wohl keiner von uns, oder?

Dies und das – ein paar Erinnerungs-Häppchen
Hhm, welche Erinnerungen verbinde ich noch mit dem Orchester?
Probe immer dienstags um 18.00 Uhr, freitags um 17.00 Uhr, und anschließend ganz oft geselliges Beisammensein im *Klub der Intelligenz*. Heute würde man das sicher After-Work-Party nennen. Wir haben einfach gefeiert, zum Beispiel Fasching.

Wasserwandern
Auf jeden Fall eine der schönsten Erinnerungen, die ich mit der Zeit im

Orchester verbinde. Wie oft waren wir auf Kanutour? Ich war wohl zwei- oder dreimal dabei. Meinen 18. Geburtstag habe ich praktisch im Faltboot verbracht. Und bei einem Sektfrühstück auf einem Campingplatz in Groß Quassow an der Müritz. Und anschließend in der Müritz, samt Klamotten! Danke, liebe Orchesterfreunde!

Besuch in der Kantine der Staatsoper in Berlin
Rolf Loose hatte auf irgendeine Art Karl-Heinz Dommus von der Staatsoper Berlin kennengelernt. Der hatte dann immer wieder Gastauftritte bei unseren Konzerten. Um ihn mal wieder für ein solches Konzert einzuladen, ist Rolf Loose nach Berlin gefahren. Und ich durfte mitfahren! Was für ein Ausflug. Im Wartburg nach Berlin, an die Staatsoper! In der Kantine dort haben wir Karl-Heinz Dommus getroffen. An den Inhalt oder Verlauf des Gespräches kann ich mich leider nicht mehr erinnern. Schade. Dabei hatte ich hinterher sogar einen kleinen Beitrag für die Halberstädter Volksstimme geschrieben, um Werbung für uns zu machen. Der Beitrag ist aber wohl nie erschienen Was soll's? Werbung brauchten wir ohnehin nicht …

Oh je, die Orchesterkleidung
Die »hochmodischen«, hautengen, weißen Pullover aus irgendwelchen Kunstfasern, mit Stehkragen. Na gut, wenigstens haben wir ein einheitliches Bild abgegeben. Die meiste Zeit haben wir ja ohnehin gesessen und waren hinter unseren Pulten kaum zu sehen. Beliebt waren die Pullover jedenfalls nicht wirklich.

Die zerbrochenen Schuhe
An einem dieser vielen, vielen Jugendweihe-Auftritts-Sonntage hieß es, mal wieder früh aufstehen, anziehen, Geige unter den Arm, aus dem Haus, in die Straßenbahn Richtung Käthe-Kollwitz-Schule, zur Abfahrt des Busses. Und dann – beim Aussteigen aus der Straßenbahn mit den nagelneuen, roten Sandalen mit hohen Absätzen und Holzsohle (topmodisch!) haben die starren Holzsohlen schon die ersten Schritte auf dem Kopfsteinpflaster nicht überstanden. Krach, genau in der Mitte durchgebrochen. Bis zum Bus habe ich es noch geschafft, aber ich konnte wohl kaum mehrere Auftritte und die stundenlagen Fahrt durch die Turnhallen und Festsäle des Kreisgebietes barfuß absolvieren. Also mussten Ersatzschuhe her. Rolf Loose hatte die Idee: Marianne Dahrmann wohnte der Schule am nächsten … Und die Schuhe haben gepasst. Die roten Holzschuhe konnten übrigens repariert werden und waren ganz lange meine Lieblingsschuhe.

Der Neue Weg

13. NOVEMBER 1987 / SEITE 5

Zur 1. Musikfestwoche
des Bezirkes Magdeburg

HEUTE IM SPOT:

Dr. Rüdiger Pfeiffer
Stellv. Direktor des Zentrums
für Telemann-Pflege und
-Forschung der DDR

Mit dem ersten Konzert des neugegründeten Ensembles für zeitgenössische Musik Magdeburg im Festsaal des Rathauses der Bezirksstadt werden heute nachmittag die 1. Musikfesttage des Bezirkes eröffnet. Wie kam es zur neuen Veranstaltungsreihe?

Ausgangspunkte waren sowohl die 3. Musikkonferenz unseres Bezirkes im Herbst des Vorjahres als auch der Kongreß des Verbandes der Komponisten und Musikwissenschaftler der DDR im Februar 1987, auf dem auch ein Empfehlungscharakter tragendes Positionspapier verabschiedet wurde, wonach speziell dem zeitgenössischen Musikschaffen in seiner gewachsenen Qualität und Breite durch neue Veranstaltungsformen in konzentrierter Weise Rechnung zu tragen sei.

Wir denken mit den Musikfesttagen die geeignete Plattform zu finden, um diesem Anspruch repräsentativen Zuschnitt geben zu können. Die auf den ersten Blick relativ kurze zeitliche Spanne, die zwischen Verbandskongreß und der 1. Musikwoche liegt, ist hauptsächlich den Veranstaltern, dem Rat des Bezirkes, Abteilung Kultur, und dem Verband der Komponisten und Musikwissenschaftler der DDR, Bezirksverband Halle/Magdeburg, zu danken, die sich sehr engagiert für die Realisation des Vorhabens einsetzten.

Auffällig in der Veranstaltungsübersicht ist die relativ starke Konzentration auf Magdeburg. Ist das nicht ein Widerspruch zum selbstgesetzten Anspruch, Bezirksmusiktage zu veranstalten?

Wir konnten, auch bei der Kürze der Zeit, nicht davon ausgehen, daß alle Kreise spontan auf die neuen Anforderungen reagieren können und würden. Das liegt in der Natur der Sache. Immerhin wird es aber ab heute in den Kreisen Wolmirstedt und Staßfurt erstmals Musikfesttage geben, damit finden nunmehr in 14 von künftig 19 Kreisen in dieser Richtung konzipierte Veranstaltungszyklen statt. Ich denke, das ist ein tragfähiges Fundament, auf das sich für die Zukunft bauen läßt.

Welches konkrete inhaltliche Anliegen möchten Sie nun für die Musikfesttage, die von nun an aller zwei Jahre stattfinden sollen, formulieren?

Die Zusammenschau des Programms weist die Dominanz zeitgenössischen Musikschaffens, wobei wir hier die Spanne von der Jahrhundertwende bis zur Gegenwart meinen, recht deutlich aus. Daß dabei ganz besonders Werke Magdeburger Komponisten wie Stojantschew, Nathow, Dörr, Stendel, Kopf und Bust im Vordergrund stehen, ist sicher einleuchtend. Aber nicht nur konzertante Veranstaltungen, sondern auch Gesprächsrunden, ein Porträt des Komponisten Wolfgang Stendel, das Kolloquium zur Computertechnik in der TU, der 4. Tag Magdeburger Komponisten und anderes mehr wollen Impulse geben, sollen Ermutigung sein für Komponisten und Hörer und ihr größeres Verständnis füreinander. Aber natürlich werden in angemessener Form auch spezifische Magdeburger Musiktraditionen, die sich mit Namen wie Telemann, Fasch, Ritter oder Rolle verbinden, Beachtung finden.

Musikfesttage sind Hoch-Zeit, wie wird es im Alltag weitergehen?

Das sich aus versierten Instrumentalisten des Städtischen Orchesters zusammensetzende Ensemble für zeitgenössische Musik wird sich künftig einmal monatlich in der Reihe „Begegnungen" vorstellen. Dies soll – über die KGD vermittelt auch in mehreren Kreisstädten – ein profiliertes Forum für zeitgenössische Musik werden. Auch von der Orchesterwerkstatt, die wir in diesen Tagen erstmals in Schönebeck mit etwa zehn Nachwuchskomponisten aus den Bezirken Halle und Magdeburg gemeinsam mit dem dortigen Orchester durchführen, erwarten wir eine auf Langfristigkeit orientierte Weitung des klanglichen Spektrums und der kompositorischen Handschriften.

Gesprächsaufzeichnung:
Friedemann Krusche
(Das komplette Programm der 1. Musikfesttage ist dem Anzeigenteil unserer gestrigen Ausgabe zu entnehmen.)

Dietrich Mund • stv. Solo-Cellist
des Philharmonischen Orchesters Plauen-Zwickau

Dietrich Mund

Kurz nach dem Jahreswechsel hatte ich ein ebenso überraschendes wie erfrischendes Telefonat mit Rüdiger Pfeiffer. Der Name und der freundliche Klang der Stimme am anderen Ende der Leitung waren sofort vertraut. Nach knapp 30 Jahren mal wieder ein Lebenszeichen voneinander! Ein Ehemaliger ruft einen Ehemaligen an – zwei Cellisten zu verschiedenen Zeiten im Schülerorchester von Rolf-Reinhart Loose. Damals – 1985 – fand das Festkonzert aus Anlass des 20jährigen Bestehens des Orchesters im Halberstädter Volkstheater statt. Loose dirigierte natürlich, aber auch GMD Prof. Heinz Fricke, der spätere Ehrenbürger von Halberstadt. Rüdiger Pfeiffer und ich saßen beide, als (alte) Ehemalige am letzten Cello-Pult, den Jüngeren den Vortritt lassend.

Dass mein beruflicher Werdegang sehr eng mit dem Jugend-Streichorchester Halberstadt verbunden war, ist mir bisher nie so ins Bewußtsein gerückt. Aber beim nun zurückerinnern ist doch ein Gefühl von Dankbarkeit da. Es war eine prägende Zeit für mich, im wahrsten Sinne des Wortes, denn ich bin beruflich dabei geblieben. Deshalb möchte ich mit dem, was ich aus der Erinnerung aufschreiben kann, sehr gern zum Gelingen dieses Büchleins beitragen.

Aber woran kann man sich erinnern, nach beinah 36 Jahren? Eine lange Zeit – ein halbes Menschenleben, wenn man so will. Wer kann sich noch an mich erinnern? Mit meinen 3 Jahren im Orchester war ich nicht gerade ein langjähriges Mitglied. Schon heute freue ich mich auf die Beiträge der Anderen und auf das ein oder andere Foto.

Rüdiger Pfeiffer überraschte mich neulich damit, daß mein damaliges »*Markenzeichen*« die unter dem Stuhl verschränkten Beine gewesen sind – keine Erinnerung – das fängt gut an! Ein paar wenige Fotos habe ich jetzt in alten Kartons gefunden. Ja, an welche Namen kann ich mich erinnern? Von den zahlreichen Mädchen im Orchester fällt mir lediglich der Name Gunhild Wegener ein, natürlich ein Mädchen aus der Cellogruppe. Aber immerhin! Entweder war ich zu schüchtern oder ich war zu sehr mit mir und meinem Cellospiel beschäftigt. Dafür bin ich nun heute familiär zeitweise von bis zu fünf Frauen umgeben. Neben meiner lieben Ehefrau habe ich mir auch die Namen von vier Töchtern gemerkt. Der Vollständigkeit halber sei hier auch unser Sohn erwähnt, als großer Bruder seiner vier Schwestern.

Naturgemäß ist die Erinnerung an die damaligen Cellisten noch einigermaßen abrufbar. Zunächst, obwohl damals zu meiner Zeit nur noch gelegentlich dabei: Michael Auenmüller. Ich kann mich an seine ausgesprochen freundliche Art erinnern. Und ich sehe ihn noch mit seinem Moped »*Schwalbe*« zur Orchesterprobe »*segeln*«. Dann zeitweise zu dritt im Orchester die drei Andrusch-Brüder. Der das Cello spielte, war der Stefan, temperamentvoll, oft mit schwarzer Baskenmütze auf dem Kopf und, wie ich mit eigenen Augen auf der Straße sehen konnte, mit formschönen Saltos. Und das war 1978 beim Wasserwandern in Mecklenburg. Ein Miroslav Klose ist damals gerade erst geboren! – Ob er den Salto heute noch bringt? Ich erinnere mich an Kay Lautenbach. Seine Mutter war Lehrerin an unserer Schule. Dann gab es Burkard Hofmann. Er spielte ebenfalls Cello. Und dann, wie gesagt, die Tochter der Kinderärztin Frau Dr. Wegener – Gunhild. Einen Kontrabaßspieler hatten wir damals auch. Ich sehe ihn noch deutlich vor mir. Das liegt wohl daran, dass Kontrabassisten meist Charaktere oder Typen sind. Die gehen nicht in der Masse unter, die übersieht man schon auf Grund der Größe ihres Instrumentes nicht. Bei den Geigen gab es Ulrich Matura, ein Freund meines jüngeren Bruders Albrecht. Fagottist im Schülerorchester war Andreas Bügel, der bis zu seinem Wechsel an die EOS (heute Gymnasium) mit mir in eine Klasse ging.

Doch zunächst: Wie hatte es angefangen? Seit 1969 war ich Schüler an der Käthe-Kollwitz-Oberschule. Mein erstes musikalisches »*Lebenszeichen*« muß wohl gewesen sein, dass ich noch in der 1. Klasse bei einem Schulkonzert ganz allein mit meiner Blockflöte auf der großen Bühne in der noch größeren Aula stand. Ich sehe mich da noch stehen und spüre beinah noch das Unbehagen vor meinem ersten Auftritt. In diese Zeit fallen bestimmt auch die ersten »*zarten*« Versuche des häuslichen Musizierens unter Anleitung unseres hobby-geigespielenden Vaters, mit dem älteren Bruder Volker am Klavier. Meine jüngeren Geschwister Christine und Albrecht hatten erst später an der Musikschule am Domplatz Cello bzw. Geigenunterricht. Nach meinem Wechsel von der C- zur Altblockflöte und einem einjährigem Intermezzo als Anfänger im Posaunenchor des Domes kam dann im April 1975 das Cello – und ich selbst zu Herrn Rudolf Fritzsch, damals noch Solocellist im Theaterorchester Halberstadt. Mit dem Ende der Spielzeit ging er dann in Rente. Gut 4 Jahre war ich sein Schüler. Ich erinnere mich, dass Herr Loose bereits früher versucht hatte, mich als Flötisten für sein Orchester zu gewinnen. Aber es sollte das Cello werden – und damit bin ich auch heute noch sehr zufrieden!

Zweimal in der Woche kostenloser Cellounterricht! Da zahlen Eltern heutzutage für den jahrelangen Unterricht ihrer Kinder ein Vermögen! Und nach einem Jahr Einzelunterricht durfte ich dann zu einer Probenwoche, oder war es länger?, mit dem Schülerorchester nach Berlin. Unterbringung in einer Schule im Zentrum und tägliche Orchesterproben, das war mein Einstand. Aufregend neu war vieles, die ersten »*Schwimmversuche*« für mich im Orchester. Das erste Mal das Gefühl von gemeinschaftlichem Musizieren und ich als ganz kleines Licht mit dabei! Noch waren Bogenwechsel und Aufsetzen der Finger der linken Hand nicht immer synchron. Und meine Bogenhaltung muß wohl auch nicht aus dem Lehrbuch gewesen sein, sonst hätte mich Herr Loose bestimmt nicht auf meine merkwürdige Griffhaltung angesprochen! Auch nach so langer Zeit kann ich mich noch einigermaßen deutlich an die eigentlichen Proben erinnern. Zu Beginn übernahm Herr Loose selbst das Stimmen der Instrumente. Zumindest die jüngeren Geiger stellten sich vorne bei ihm zur »*Stimmabgabe*« an. Dann ging es los. Die Proben waren nie langweilig. Herr Loose konnte begeistern. Er verstand es, Spielfreude und Lust am gemeinsamen Erarbeiten eines Musikstückes zu wecken. Seinen Probenstil würde ich als forsch und zielstrebig bezeichnen. Wurde eine Stelle wiederholt, konnte man darauf warten, dass er das mit »*gleiche Stelle, gleiche Welle*« kommentierte.

In Berlin haben wir damals Händels Feuerwerksmusik geprobt. Wunderschöne Musik, wie gesagt, wenn da nicht die eigenen spieltechnischen Grenzen gewesen wären. Wenn ich an die Jahre im Schülerorchester denke, fallen mir immer auch die vielen Jugendweihen ein. Sonntag früh stand der Bus vor der Schule und brachte uns in die umliegenden Gemeinden. Selbst bin ich nie »*jugendgeweiht*«, war aber zwischen 1977 und 1990 bei sovielen Jugendweihen mit dabei. Und wenn ich heutzutage den Radetzky-Marsch spiele – jetzt im Januar gleich in 14 Neujahrskonzerten – muß ich daran denken, wie wir ihn damals unter Loose gespielt haben. Den hatten wir »*drauf*« und den Gefangenenchor aus »*Nabucco*«, das »*Ave verum*« von Mozart, und »*Mein Freund Bunbury*« … Wobei man die beiden letztgenannten Stücke hintereinander nicht spielen sollte!

Vom Konfirmationsgeld kaufte ich mir 1977 das Cello, auf dem ich heute noch spiele – auch hier halte ich es mit großer Treue! Nach etwa einem halben Jahr im Orchester und zunehmender Freude und Sicherheit, reifte in mir, auch durch den Anstoß meines Vaters, der Wunsch, mich für ein Musikstudium zu bewerben. Zwischen Eignungs-und Aufnahmeprüfung 1978 an der Leipziger Musikhochschule lud mich Herr Auenmüller noch zu einem

70. Geburtstag von Cello-Lehrer Rudolf Fritzsch 1980

Rudolf Fritzsch • Stefan Andrusch • Gunhild Wegener
Dietrich Mund • Burkhard Hofmann

Musikalischer Blumenstrauß zum 70. Geburtstag • Cello-Sound mit Dietrich Mund und Rüdiger Pfeiffer

Rudolf Fritzsch • Dietrich Mund • Rüdiger Pfeiffer

Probespiel in sein Theater ein, weil er befürchtete, das ich, falls man mich nicht zum Studium zuläßt, stattdessen auf irgendeiner Baustelle in Magdeburg landen könnte. So war sein Wortlaut!

Zum Probespiel begleitete mich damals Herr Rüdiger Bloch am Klavier. Mit ihm an der Seite hatte ich 1981 auch mein erstes Bachsches Weihnachtsoratorium in der auf 8° C kalten Johanneskirche. Und weil man sich im Leben öfter begegnet, war Herr Bloch viele Jahre später in der Spielzeit 2007/2008 kommissarischer Intendant am Theater Plauen-Zwickau. Ein schönes Wiedersehen!

Jedenfalls freute ich mich im November 1978, als ich die Zulassung zum Vorstudienjahr in den Händen hielt. Ein Glücksgefühl, an das ich mich noch gut erinnern kann. Ein besonderes Privileg genoss ich dann in der 10. Klasse. Herr Loose ließ mich öfter während des Musikunterrichtes meiner Klasse im benachbarten Instrumentenlagerraum Cello üben. Derweil sangen die Anderen, man hörte es von Ferne, ganze Volks- und Arbeiterliederfolgen, souverän am Flügel von Herrn Loose begleitet, und das immer auswendig!

Abrunden möchte ich meine Erinnerungen mit einer kleinen Episode. Es war im November/Dezember 1978. Im gerade eröffneten neuen »*Klubhaus der Wertätigen*«, das heute so ein schauerliches Dasein fristet, wurde unter Mitwirkung unseres Schülerorchesters die Solidaritätssendung »*Dem Frieden die Freiheit*« für den Rundfunk aufgezeichnet. Dieses Konzert samt Mitschnitt fand an einem Sonntagvormittag statt. Als ich mit »*altersgemäßer*« leichter Verspätung am Klubhaus eintraf, schließlich lief am Vorabend im Fernsehen »*Am laufenden Band*«, mit Rudi Carell, kam mir Herr Loose etwas aufgeregt entgegen: Wo ich denn bleibe und ich soll mich mal gleich auf das Solistenpodest vor dem Orchester setzen. Mein Herz rutschte in die Hose! War das ein Schreck in der Morgenstunde! Dass ich bei diesem Rundfunkkonzert als Solist mit dem Orchester spielen sollte, war überhaupt kein Gedanke von mir. Zum Glück fand ich dann wenigstens meine Solostimme bei den anderen Noten. Aber das war damals ein Schock! Keine Zeit, sich mental auf diesen Auftritt vorzubereiten. In freudiger Erwartung eines entspannten Konzertereignisses inmitten der Cellogruppe, fand ich mich plötzlich auf dem Solistenpodest wieder! Das musikalische Ergebnis muß dann doch erheblich besser gewesen sein, als es sich für mich anfühlte. Denn als die Sendung im Januar ausgestrahlt wurde, war dieses kleine Stück mit Orchester dabei. Leider habe ich die Aufnahme nicht mehr. Nie wieder hatte ich vor einem besonderen solistischen Auftritt einen so herrlich entspannten Fernsehabend!

Inzwischen haben wir das Jahr 2015. Nach den drei Pflichtjahren im Sondershäuser Loh-Orchester bin ich nun mit meiner Familie seit fast 28 Jahren – wie die Zeit vergeht – in der Robert-Schumann-Stadt Zwickau am hiesigen Theater. Neben dem Theaterdienst sind die Nachmittage mit dem Unterrichten von Celloschülern gut ausgefüllt. Dazu geht es zu drei verschiedenen Außenstellen der Musikschule. Es ist eine schöne Aufgabe, Kinder jeden Alters zu unterrichten, sie an die Musik heranzuführen, so, wie es uns damals auch Rolf-Reinhart Loose mit seinem Schülerorchester vorgelebt hat.

An den Wochenenden, wie auch jetzt wieder, bin ich mit den Zwickauer Salonmusikanten musikalisch unterwegs. Auch ein Genre, das in der Freizeit neben dem Dienst viel Freude macht. Dem Publikum und uns! Bei allem, was ich heute so an Musik mache, ist mir doch beim Schreiben wieder ins Bewußtsein gerückt, wo ich meine musikalischen Wurzeln habe. Das ist neben dem häuslichen Musizieren ganz ohne Frage das Schülerorchester und das große Verdienst von Rolf-Reinhart Loose. Beides gehört zusammen. Und ohne diese prägenden Jahre wäre ich heute nicht Berufsmusiker.

Ich danke für diese Zeit, und ich danke Rolf-Reinhart Loose! Über weitere Kontakte zu Ehemaligen würde ich mich freuen. So, nun wandert das Geschriebene auf dem Postweg (wie früher) zu Rüdiger Pfeiffer. Denn in wenigen Stunden ist Redaktionsschluß und ich will nicht wieder mit »*altersgemäßer*« leichter Verspätung ankommen. Ich grüße alle, die mich von damals noch kennen!

Jugendweihe im Volkstheater Halberstadt 1974
mit ungewöhnlichen Klängen aus dem Orchestergraben

Jugendweihe einmal anders

Zu den Höhepunkten der musikalischen Auftritte des Jugendstreichorchesters gehörten im Jahreslauf die Jugendweihen der achten Klassen. Einerseits waren es ganz schöne Strapazen, denn man musste sonntags morgens früh aufstehen, doch andererseits machte das Musizieren für Gleichaltrige auch Spaß und zudem konnte mit den Darbietungen die Orchesterkasse aufgefüllt werden.

Das frühe Aufstehen fiel natürlich nach einer sonnabendlichen Fete oder einem Discobesuch besonders schwer. Nicht nur einmal wurden Orchestermitglieder von zu Hause abgeholt. Das war natürlich ein Ereignis, wenn sonntags morgens um 8 Uhr der Orchesterbus zu Hause vorfuhr. Die Spielorte waren im gesamten Kreisgebiet verteilt, hauptsächlich Wegeleben, Langenstein, Dardesheim, Zilly, Hessen, Osterwieck, Dedeleben und natürlich auch Halberstadt.

Ein besonders erhabenes Gefühl kam auf, wenn das Jugendstreichorchester im Orchestergraben des Halberstädter Theaters die Plätze der Instrumentallehrer einnehme durfte. Der Theatersound hatte stets einen ganz eigenen Klangzauber, dem Rolf-Reinhart Loose vom Dirigentenpult aus noch eine spezielle Aura verlieh.

Im Frühling 1974 ergab sich die Situation, dass viele Musikanten selbst Jugendweihe hatten. Nach der festlichen Eröffnung mit der Ouvertüre, die der 1. Kapellmeister am Halberstädter Volkstheater Wolfgang Huth eigens für das Jugendstreichorchester komponiert hatte, und der Festrede sowie einem weiteren Musikstück standen die Jugendlichen auf, um ihren Platz oben auf der Bühne einzunehmen, wo die Urkunden überreicht wurden.

Und so wie es auch bei Profi-Musikern üblich ist, wurde bei der jeweiligen Namensnennung von den im Orchestergraben verbliebenen jungen Musikern wie bei den Profi-Musikern als Beifall kräftig ans Notenpult (aus Metall) geklopft. Das Publikum und die weiteren Beteiligten waren über das ungewohnte Geräusch erst einmal irritiert. Die Theatermitarbeiter amüsierten sich köstlich und nach einer kurzen Erkenntnispause brandete jubelnder Beifall aus dem Theatersaal auf.

Das war ein Ereignis, von dem in Halberstadt noch lange gesprochen wurde.

Treffpunkt Käthe-Kollwitz-Schule
Vorbereitungen zur Abfahrt ins Orchesterlager

Organisationsgenie Rolf-Reinhart Loose

Es dürfte so gegen Ende der 1960er Jahre gewesen sein, denn wir waren schon alt genug, um selbstständig zum Campen ins Zeltlager und zum Wasserwandern an die Müritz, dem größten Binnengewässer in Mecklenburg, zu fahren. Bevorzugte Stationen waren Waren (Müritz), Malchow und später vor allem Gotthun. Entweder wurde dort das Zeltlager aufgerichtet und von dort aus begannen die Touren oder sie waren Ausgangspunkt einer längeren Wasserwanderstrecke.

Um vorab alles abzuklären, fuhr Rolf-Reinhart Loose – zumeist gemeinsam mit dem Vati von Sibylle Strathmann, Orchestermitglied bei den Violoncelli – im Frühjahr an die Müritz. Zu jener Zeit fuhr er einen »*Saparoshez*«, einen panzerähnlichen Kleinwagen sowjetischer Produktion mit einem Haufen Macken, der auch solche Geräusche von sich gab und eingeführt wurde, da die Trabant- und Wartburg-Produktion in der DDR der Nachfrage nicht gerecht werden konnte. Mit diesem Vehikel war es schon fast vorgeplant, dass man schon mal liegen blieb, was auf den damals noch nicht so stark befahrenen Straßen in den mecklenburgischen Weiten durchaus problematisch werden konnte. Und ehe Hilfe geholt werden konnte – Handy gab es noch nicht – und das Gefährt wieder rollte, war schlichtweg mindestens ein Tag vergangen. Auch so etwas passierte, aber hier soll in dem Zusammenhang eine andere Geschichte erzählt werden.

Schülerfahrten mit der Deutschen Reichsbahn, dem Bahn-Unternehmen in der ehemaligen DDR, waren sehr preiswert. Einen Bus für die An- und Abreise mit jeweils einer Leerfahrt zu chartern, wäre wesentlich teurer geworden und in der sozialistischen Planwirtschaft auch nicht so ganz einfach gewesen.

Also wurde meistens ein Lastkraftwagen (LKW) organisiert – »*organisieren*« war ein beliebtes, aus der Nachkriegszeit überkommenes Loose-Wort – in der Regel vom Patenbetrieb VEB Fleisch- und Wurstwaren Halberstadt, der die schweren Sachen, wie Zelte, Paddelboote u. dgl. an die Müritz transportierte, und wir fuhren mit dem Zug, was sich gelegentlich sehr abenteuerlich gestalten konnte.

Wenn jemand eine Reise tut, so kann er viel erleben, kann man in Abwandlung des berühmten Spruchs von Matthias Claudius sagen. Es klappte auch nicht immer mit dem LKW und so mussten wir unser gesamtes Gepäck auch schon mal mit dem Zug transportieren. Die Zugbegleiter schlugen dann zwar erst einmal die Hände über dem Kopf zusammen, da solche Transportmengen eigentlich hätten angemeldet werden müssen, waren aber stets hilfsbereit und fanden eine Möglichkeit, uns mit den Zelten, Paddelbooten, Campingutensilien usw. mitzunehmen. Auf dem Bahnsteig wurde dann immer durchgezählt, ob alle Mitreisenden und alle Gepäckstücke mitgekommen waren.

So ging es einmal früh morgens mit dem Zug bis Magdeburg und dann ging es los – mit den Verspätungen und abenteuerlichen Reisestrecken. In jenem Jahr sollte es nach Plau am See gehen und von dort mit den Paddelbooten auf dem Wasserweg weiter. Es ist nicht mehr nachvollziehbar, welche Reiseroute mit wieviel Umsteigen in andere Züge uns letztlich doch noch an unseren Zielort führte, aber es war eine Tagesreise geworden und der Abend bereits weit fortgeschritten, auf jeden Fall nach 22 Uhr.

Wir waren also hungrig und durstig und mussten noch zumindest für eine Nacht provisorisch unsere Zelte aufschlagen. Wenigstens hatte Rolf-Reinhart Loose bei dem Bahnhofsvorsteher einen Karren organisieren können, damit wir unser umfangreiches und schweres Gepäck zum See transportieren konnten. Asphaltstraßen waren zu jener Zeit in jener Gegend noch selten und so hatten wir reichlich Mühe, den Karren über uriges Rumpelpflaster und Feldwege zu ziehen. Der Wagen musste natürlich am Tag darauf auch wieder zurückgebracht werden.

Um diese Zeit noch ein geöffnete Gaststätte mit Küchenbetrieb zu finden, war dann doch nicht so einfach. Da wir darauf eingestellt waren, mittags in Plau am See anzukommen, war natürlich auch die von zu Hause mitgenommene Verpflegung darauf abgestimmt. Da erspähten wir im Ort noch eine Gaststätte, in der Licht brannte, das somit verhieß, dass sie noch geöffnet haben könnte. Der Wirt schaute dann wohl doch etwas eigentümlich, als so ca. 30 Jugendliche seinen Gastraum betraten und nach Essen und Trinken fragten. Allerdings mussten wir erfahren, dass der Koch bereits nach Hause gegangen war.

Wie es Rolf-Reinhart Loose dann doch schaffte, den Wirt zu überzeugen, den Koch von zu Hause wieder heranzuholen, wird wie Vieles eines seiner rätselhaften Geheimnisse bleiben. Es wurde noch ein wunderbarer Abend. Wir bekamen ein fantastisches Nachtmahl vorgesetzt, so dass wir die Nacht im provisorischen Zeltlager am Plauer See gut überstanden haben.

Mit Rolf-Reinhart Loose unterwegs zu sein, konnte durchaus schon etwas abenteuerlich werden, ging aber immer gut aus. Dabei hat er stets als Pädagoge gehandelt, selbst Strapazen auf sich genommen und immer versucht, unter den gegebenen Umständen des real-existierenden Sozialismus das Beste für seine Schüler zu organisieren und ihnen eine lebensorientierte Bildung zu vermitteln. Es war letztlich eine Schule des Lebens. Als Geschichtslehrer und versierter Kenner der römischen und germanisch-deutschen Geschichte kannte und lebte er die (umgedrehte) Seneca-Weisheit: »*Non scholae, sed vitae discimus*« – »*Nicht für die Schule, sondern fürs Leben lernen wir*«.

Die Essensversorgung war mit ihm generell kein Problem. Durch seine Leitung des Chores des VEB Wurst- und Fleischwaren Halberstadt (Halberstädter Würstchen) war er im Umgang mit Fleischern bestens geschult. Aus einem Fleisch- und Wurstladen am Ferienort kam er nie ohne ausreichende Menge für 30 bis 40 Leute heraus, was zu DDR-Zeiten schon als Kunststück bezeichnet werden muss. Daneben war er auch ein guter Hobby-Koch.

Natürlich begegneten wir bei unseren Unternehmungen ganz unterschiedlichen Leuten und Charakteren, mit denen umgegangen werden musste. Rolf-Reinhart Loose schaffte das. Dabei galt sein Bestreben immer, die ihm anvertrauten Kinder und Jugendlichen zu schützen, sei es vor unbedachten Äußerungen, jugendlicher Flapsigkeit oder auch vor falschen Verdächtigungen seitens der Erwachsenen und Amtsträger.

Der Umgang mit Spirituskochern und Grillfeuer auf dem Campingplatz war normal. Eines Abends kam der ABV (Abschnittsbevollmächtige der Volkspolizei) und wies energisch darauf hin, dass beim Grillen mit Holzkohle Löschwasser in greifbarer Nähe zu stehen habe oder aber das Grillen sofort zu beenden sei. Rolf-Reinhart Loose wies ruhig auf einen Kanister, der das Löschwasser enthalten sollte. Dieser Kanister wäre zum Löschen allerdings fatal gewesen, denn ausgerechnet in dem befand sich Brennspiritus. Aber das konnte der ABV ja nicht wissen. Es ist nie zu irgendwelchen Unfällen und Problemen gekommen. Lediglich einmal, brachte ein ABV zwei unserer Orchestermitglieder, da sie angeblich etwas angestellt haben sollten. Rolf-Reinhart Loose hielt eine Standpauke, die darin gipfelte: »*Und morgen informiere ich eure Eltern und dann fahrt ihr nach Hause*«. Alle umstehenden Orchestermitglieder mussten ansichhalten, um nicht laut loszuprusten: Denn für den »*morgigen*« Tag waren sowieso der Abbau des Zeltlagers und die Abreise vorgesehen. Die Standpauke zeigte jedoch ihre Wirkung …

Plau am See • Sommer 1978
Zugverspätung und kein Anschluss
mehr • Wozu ist die Straße da?

Organisationsgenie Rolf-Reinhart Loose

Cello-Unterricht mit Pfiff

Manchmal haben Jungs auch etwas anderes zu tun, als nur Musik zu machen. Und es gab begeisterte Fußballspieler und Fußballspielerinnen unter den Mitgliedern des Jugendstreichorchesters. Vor allem für die Jungs aus der unmittelbaren Nachbarschaft der Marx-Engels-Schule war der Schulhof ein beliebter Treff und Bolzplatz. Etwas problematisch war es nur, wenn die beiden seitlich des Schulgebäudes befindlichen Tore geschlossen waren und man hinüberklettern musste. Falls der im Schulgebäude wohnende Hausmeister, der allerdings schon zur älteren Generation gehörte, aufmerksam wurde, musste man schnell wieder über das Tor ins Freie klettern und sich nicht erwischen lassen.

Der Cello-Unterricht bei Rudolf Fritzsch fand im Klassenraum zur Hofseite in der obersten Etage statt. Der Instrumentalunterricht lief pünktlich und streng geregelt ab: Erst Tonleitern über drei und vier Oktaven, dann Dreiklänge, gefolgt von Terztonleitern über alle Lagen und verschiedenen Etüden und ganz zum Schluss ein Vortragsstück. Der Stoff einer jeden Unterrichtsstunde wurde in ein Aufgabenheft eingetragen und die Leistung benotet.

Unter den Fußballfans war einer der Cellisten. Vor seiner Cello-Stunde spielte er fast immer mit seinen Freunden Fußball auf dem Schulhof. Nachdem es dann doch passiert war, dass er mit erheblicher Verspätung und völlig verschwitzt und außer Atem zum Cello-Unterricht erschien, gewöhnte sich unser Cello-Lehrer Rudolf Fritzsch an, vor Beginn des Cello-Unterrichts für den Fußballspieler aus dem Fenster einen Pfiff in den Schulhof auf den Fußballplatz zu senden. Das war dann das Signal zum Beginn des Cello-Unterrichts.

Einzelprobe mit Skat am Bindfaden

Auch die Ferien wurden gern für das Musizieren genutzt, meist eine Woche ganz intensiv. Verstärkt fanden Einzelunterricht und Gemeinschaftsmusizieren statt. Um die Musikstücke in Ruhe vorzuproben und die Einzelstimmen einzustudieren, wurden einmal ganz zu Anfang des Jugendstreichorchesters die Musiker auf Klassenräume in der Marx-Engels-Schule verteilt. Rolf-Reinhart Loose ging dann von Raum zu Raum, um Hinweise und Ratschläge zu geben. Es war also durchaus abzusehen oder besser zu hören, wann er im Celloraum auftauchen würde. Allerdings hatte er die Cellogruppe aus pädagogischen Gründen geteilt, so dass von drei Cellisten zwei im obersten Stockwerk und im Raum genau darunter ein weiterer Cellist übte.

Irgendwann saß das Stück und es war aus unserer Sicht erst einmal nichts weiter zu üben. Nun waren wir ja auch keine Kinder von Traurigkeit und der eine Cellist, stets zu Späßen und Schabernack aufgelegt, hatte Skatkarten in der Tasche. Doch woher konnte nun der dritte Skatspieler kommen?

Wir fanden Bindfaden, der lang genug war, um aus dem Fenster bis ein Stockwerk tiefer zu reichen. Es wurde eine Skatkarte angehängt und der untere Cellist wunderte sich darüber, was vor seinem Zimmerfenster flatterte, verstand aber rech schnell das Ansinnen.

So spielten wir Skat zu dritt, die Skatkarten per Bindfaden hinunter lassend und hochziehend über die Stockwerke auf der Hofseite hinweg. Natürlich überhörten wir, als Rolf-Reinhart Loose das Klassenzimmer betrat. Was blieb ihm übrig? Er stutzte, musste dann aber doch über die Idee des Skatspielens über die Etagen an der Außenwand hinweg lachen. Wir mussten dafür exzellent unser neu eingeübtes Musikstück vorspielen, was für uns natürlich kein Problem war und was mit einem Lob quittiert wurde.

Mozarts »Kleine Nachtmusik« im Schlafrock

Es war bei einem der sommerlichen Orchester-Ferienlager in Berlin und es müsste sich so Ende der 1960er Jahre zugetragen haben. Wir hatten unser Quartier in einer Schule erhalten, Betten waren aufgestellt worden, Klassenräume waren zu Aufenthalts- und Überäumen umfunktioniert worden und die Orchesterproben fanden in der großen Aula dieser Schule statt.
Natürlich interessierte uns das pulsierende Berliner Leben und so gab es neben den Musikproben auch Ausflüge zu Sehenswürdigkeiten und zum neu eröffneten Freizeitpark Plänterwald . Auch eine Dampferfahrt auf der Spree und das Baden im Müggelsee durften nicht fehlen.

Da es sich dann meist um Tagesausflüge handelte, fanden natürlich keine Orchesterproben statt. Zwar kehrten wir müde und geschafft abends ins Schulquartier zurück, doch an Schlafen war nicht gleich zu denken. Es wurde erzählt und durchaus so mancher Schabernack getrieben. Und so kam eines Abends nach einem Tagesausflug ohne Orchesterprobe unsere quirlige Sibylle Strathmann gegen Mitternacht auf den Einfall, wir könnten doch die Probe nachholen. Warum sollten wir, da wir allein in der Schule waren und somit niemanden stören konnten, nicht einfach eine Nachtprobe zur Mitternachtsstunde abhalten.

Gesagt, getan: Auf leisen Sohlen setzte sich ein Zug kleiner Nachtgespenster in Schlafanzug und Nachthemd in Bewegung und erklomm die Treppen zur Aula in der obersten Etage. Rolf-Reinhart Loose sollte davon nichts mitbekommen, was sich allerdings nicht ganz verwirklichen ließ. Da auch *»Die Kleine Nachtmusik«* von Wolfgang Amadeus Mozart auf dem Probenplan dieses Sommers stand und zu einer Lieblingsmusik avanciert war, lag es nahe, dieses Stück zu spielen. Bereits nach wenigen Klängen stand ein überraschter Rolf-Reinhart Loose in der Aula, erfasste die Situation, stieg aufs Dirigentenpult und hob den Taktstock.

So kam es, dass in einer Sommernacht zu mitternächtlicher Stunde ein Orchester junger Musikanten in Schlafgarderobe in der Aula einer Berliner Schule mit seinem Dirigenten Mozarts *»Kleine Nachtmusik«* intonierte. Am nächsten Morgen durften wir etwas länger schlafen.

Wie ruft der Kuckuck?

Immer wieder gern gespielt wurde die bekannte Kindersinfonie, die lange Zeit Leopold Mozart, dem Vater von Wolfgang Amadeus, zugeschrieben wurde. In Frage kommen aber auch andere Komponisten aus der Salzburger und Wiener Musikkultur der Klassik. Wie dem auch sei: Das Spiel mit den musikalischen Klängen von Kuckuck, Wachtel, Trompete und Trommel, Ratsche, Wasserpfeife und Cymbelstern macht immer wieder Spaß..

Nun trug es sich zu, dass die Kindersinfonie wieder einmal auf dem Programm stand. Dazu waren Kinderinstrumente und Instrumente für Spezialeffekte besorgt worden. Die verschiedenen Instrumente waren auf die Spieler aufgeteilt, jeder kannte seine Stimme und den Zeitpunkt des Einsatzes. Aus welchen Gründen auch immer – jedenfalls war der Spieler, der den Kuckuck in der Probe bedient hatte, nicht anwesend. Das fiel allerdings erst ins Gewicht, als die Kindersinfonie an der Reihe war. Schnell musste umbesetzt werden. Einer der Bratscher bot sich an, das Instrument zu bedienen.

Bei dem Spezialinstrument für den Kuckuckruf handelt es sich um zwei kleine Blasebälge auf einer Wippe. Die Luft wird beim Niederdrücken des Blasebalgs zu einer Art Orgelpfeife geleitet und dann macht es Ku–ckuk, zu erst der obere Ton, dann folgt der tiefere Ton im Abstand einer kleinen Terz, der sogenannten Kuckucksterz. Eigentlich muss man sich nur merken, auf welcher Seite der höhere Ton und auf welcher der tiefere Ton erklingt.

Es kam, wie es kommen musste: Zum Ausprobieren des Kuckucks war keine Zeit und außerdem wäre dann der lustige Effekt verpufft. Doch es wurde noch lustiger. Die Kuckuck-Stelle nahte und der Kuckuck rief – allerdings verkehrt herum von unten nach oben. Sowohl im Orchester als auch beim Publikum brach ein herzhaftes Gelächter aus.

Herta Rennebaum

Herta Rennebaum • Ein fester Termin im Halberstädter Musikkalender

Eine intensive Verbindung gab es zu der renommierten Klavierpädagogin Herta Rennebaum, aus deren Klavierschule hervorragende Pianisten und Musiker sowie Schulmusiker und Musikpädagogen hervorgegangen sind. Sie war ein Energiebündel, unterrichtete in ihrer Wohnung gern bis in die Nacht hinein – zum Leidwesen, aber auch Verständnis der Nachbarn. Bis weit über ihr 90. Lebensjahr hinaus war sie eine gefragte Musikpädagogin und gab Klavierunterricht, der bei den älteren Schülerinnen und Schülern meist auch Exkurse in Musikgeschichte, Musikästhetik und Interpretationskunde umfasste. In den fünf Jahrzehnten ihres Wirkens als Konzertpianistin und Klavierpädagogin war ein riesiger Schülerkreis zusammengekommen.

Legendär waren die Schülerkonzerte von Herta Rennebaum in der Dompropstei. Der Publikumsandrang war meistens so groß, dass die Stühle nicht ausreichten und die Jugend sich in die Fensternischen setzte. Mit viel Witz und Charme führte sie durchs Programm, an dem auch Musikanten des Jugendstreichorchesters teilnahmen, entweder selbst als Klavier-Schüler von Herta Rennebaum oder als Mitglied einer Kammermusikgruppe, die sie künstlerisch betreute. So gab es Klavierduos, wie bspw. Ulrike Bohne und Rüdiger Pfeiffer mit Klavier und Violoncello, und Klaviertrios, wie Gabriele Auenmüller, Elisabeth Schreiner und Bernd Moczko.

Der Dirigent des Jugendstreichorchesters Rolf-Reinhart Loose war ebenfalls Schüler von Herta Rennebaum gewesen, so dass über die Zeit hinweg auch ein sehr herzliches persönliches Verhältnis zum Orchester entstanden war.

Der 1. Juli war ein fester Termin im Musikkalender von Halberstadt: Der Geburtstag von Herta Rennebaum. Ihr wirkliches Geburtsjahr hat sie niemals offen kundgetan, so dass stets Gerüchte über Alter und mögliche Jubiläen kursierten. An diesem Tag im Jahr traf sich möglichst der gesamte Schülerkreis von Klein und Groß sowie die gesamte Musikwelt von Halberstadt in der Wohnung von Herta Rennebaum. Es ging eng zu, aber immer hoch her, zumeist bis in den nächsten Morgen. Natürlich musste jeder, der kam, als Geburtstagsständchen ein Musikstück vorspielen.

An einem 1. Juli – es könnte 1973 gewesen sein – war das Jugendstreichorchester Halberstadt auswärts zu einem Konzert auf der Landwirtschaftsmesse in Markkleeberg bei Leipzig. Es war ein außerordentlich heißer Sommertag. Doch »*Hertas*« Geburtstag wollten wir natürlich nicht versäumen. Es war schon Usus geworden, dass das Jugendstreichorchester zum Ständchen aufspielte. Also hieß es nach dem Konzertauftritt sofort mit dem Omnibus zurück nach Halberstadt. Als wir ankamen war es bereits etwas dämmrig geworden und zwei jüngere, stets zu Späßen aufgelegte Orchestermitglieder S. A. und T. A. meinten, dass es sich doch gehöre, nicht nur einen musikalischen Blumenstrauß, sondern auch ein paar reale Blümchen zu überreichen. Doch, woher nehmen? Es war Wochenende, Abend und Blumengeschäfte hatten geschlossen. Aber da gab es einen Vorgarten vor dem Haus, in dem ein Blumenmeer farbenprächtig blühte.

Und so geschah es, dass nach dem Musizieren Herta Rennebaum freudestrahlend einen wunderschönen Blumenstrauß überreicht bekam – allerdings mit Wurzeln dran und aus dem eigenen Vorgarten. Aber das tat der Geburtstagslaune und anschließenden Feier keinen Abbruch. Ob unsere Herta das bemerkt hatte oder stillschweigend überging? Sie war immer äußerst diplomatisch und behielt – ganz alte Schule – stets die Contenance.

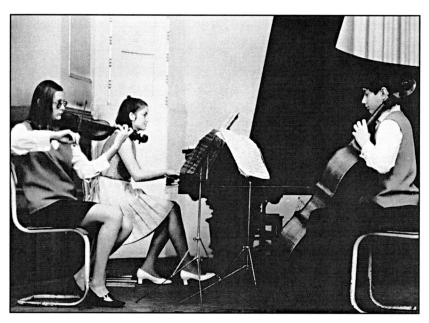

Gabriele Auenmüller, Violine • Elisabeth Schreiner, Klavier
Bernd Moczko, Violoncello

Ulrike Bohne, Klavier • Rüdiger Pfeiffer, Violoncello

Ein prägendes Lehrstück

Das Jugendstreichorchester war im gesamten Kreisgebiet von Halberstadt gut bekannt und wurde auch gern nach außerhalb eingeladen, Festveranstaltungen, Feierstunden und besondere Anlässe mit musikalischen Darbietungen zu eröffnen.

Für die Fahrten wurde ein Omnibus zur Verfügung gestellt, der natürlich nach dem Ende der Veranstaltung auch wieder nach Hause fuhr – für uns Teenager allerdings häufig zu früh, da der »*schöne*« Teil, das gesellige Tanzvergnügen oder die Disco, ja erst nach dem offiziellen Teil begann und zumeist bis weit in die Nacht andauerte.

Es war am Abend eines recht kalten Wintertages im Jahr 1973 – es müsste ein Sonnabend gewesen sein –, als das Jugendstreichorchester in der traditionsreichen Gaststätte »*Drei Sterne*« in Harsleben spielte. Harsleben liegt an der B 79 etwa vier, fünf Kilometer südöstlich von Halberstadt auf dem Weg nach Quedlinburg.

Für die Hin- und Rückfahrt stand ein Bus zur Verfügung. Wir trafen uns an der Käthe-Kollwitz-Schule, der Bus fuhr vor und mit unseren Instrumenten kamen wir bequem nach Harsleben. Der Festsaal der Gaststätte gehörte zur Kategorie »*urig*«, war also ziemlich alt und ebenso eingerichtet. An den Ecken des Saals bullerten große eiserne Öfen und der Saal wurde alsbald heimelich warm.

Nach unseren Musikstücken wurden wir zum Festessen und zum Dableiben eingeladen, was wir natürlich nicht ausschlagen konnten und somit gern annahmen. Unsere Kleinen fuhren nach dem Essen, das wie auf dem Dorf üblich sehr opulent ausfiel, nach Hause. Wir Großen blieben noch da. Es wurde nach Mitternacht und so langsam überlegten wir, wie wir den Heimweg antreten könnten. Der Bus war schon lange weg und eigentlich blieb uns nur der Fußmarsch durch die nächtliche Kälte – so vier bis fünf Kilometer.

Um noch bei Freunden im Ort zu übernachten, war es längst zu spät oder zu früh, je nach Sichtweise. Aber: Was sollte aus unseren Musikinstrumenten werden? Anfänglich überlegten wir, sie im Saal der Gaststätte zu deponieren und tags darauf die Abholung mit unseren Eltern per Auto zu organisieren. Doch ein Musiker lässt sein Arbeitsmittel nie einfach so irgendwo stehen.

Also schulterten wir unsere Geigenkästen und Violoncelli – der Kontrabass war bereits mit dem Bus mitgefahren – und machten uns auf den Weg. Es war ein lustiges Trüppchen, das auf dem Radweg neben der Chaussee gen Halberstadt unterwegs war. Wir kamen alle wohlbehalten an.

Groß war unser Erschrecken, als wir dann am Montag von unseren Schulfreunden aus Harsleben erfuhren, dass ausgerechnet in der Nacht der historische Saal, in dem wir nun als Letzte musiziert und mitgefeiert hatten, abgebrannt war. Glücklicherweise waren keine Menschen zu Schaden gekommen, aber der Saal wurde nie wieder aufgebaut.

Unser Glück im Unglück dabei war, dass wir uns doch entschlossen hatten, unsere Musikinstrumente nicht im Saal zu lassen, sondern mit auf den Weg nach Hause zu nehmen. Nicht auszudenken, wenn unsere Musikinstrumente mit verbrannt wären. Dies war zugleich ein Lehrstück, dass ein Musiker sein Instrument immer »*am Mann*« hat.

Feier zum 10jährigen Orchesterjubiläum 1977 • Felsenkeller Halberstadt

Hochzeitsständchen

Ein herausragendes Ereignis für das ganze Orchester war die Hochzeit von Rolf-Reinhart Loose mit seiner Christine. Die Hochzeitfeierlichkeiten fanden in Badeleben, einem Bördedorf südwestlich der A2 zwischen Ummendorf und Völpke gelegen, statt.

Natürlich wollten wir uns den Polterabend und die Hochzeit nicht entgehen lassen, zum einen wegen der Feier und zum anderen wollten wir dem Brautpaar zünftig gratulieren. Schon wegen des Bekanntheitsgrades von Rolf-Reinhart Loose und dazu dann noch eine Dorfgesellschaft – es waren massenhaft Gäste zu erwarten.

Wir hatten uns ausgedacht, ein Ständchen darzubieten, sowohl instrumental als auch vokal. Intern sprachen wir uns zu einer Instrumentalprobe ab, doch viele waren bereits außerhalb von Halberstadt tätig und so konnten nicht alle an der Probe teilnehmen. Für das Chorständchen war der Text eines in Orchsterkreisen gern gesungenen Liedes umgedichtet und auf die Hochzeit angepasst worden.

Wenn schon nicht alle zur instrumentalen Probe anwesend sein konnten, wollten wir doch mindestens eine Probe für den Chorgesang durchführen. Aber auch das erwies sich als schwierig, so dass wir uns an der Straßenkreuzung von der Chaussee zur Einfahrtstraße in das Dorf verabredeten.

Es war herrliches Hochzeitswetter und nachdem alle soweit an der Straßenkreuzung mitten in der Börde-Landschaft mit Mopeds, Motorrädern und Autos eingetroffen waren, fand am Feldrain die Singestunde statt, wo wir mit Amsel, Drossel, Fink und Star konkurrierten.

Hans Auenmüller hatte eigens einen Hochzeitskanon komponiert und wir hatten neue Texte zu altbekannten Liedern gedichtet. Und die Instrumente erklangen natürlich auch.

War schon die Probe im Freien ein Gaudi, so war die Überraschung für das Brautpaar noch größer. Es wurde eine wunderschöne Trauung und ein richtig zünftiges Dorffest.

Hochzeitsständchen

Einspielen vorm Auftritt • Die Bratschen 1979

Einspielen vorm Auftritt • Die Bratschen 1979

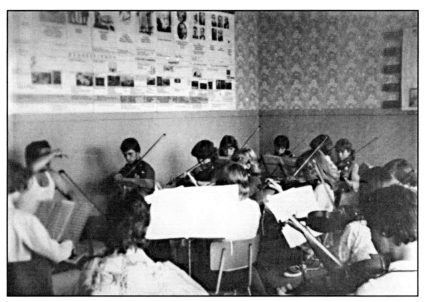

Orchesterlager • Sommerferien in Berlin 1979

Ein exklusiver Ausflug

Auch das hatte Rolf-Reinhart Loose drauf: Ad hoc lud er schnell mal in ein exklusives Restaurant ein

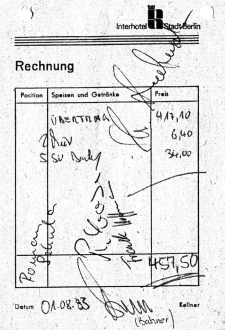

Der Summe war dann relativ egal. Die Preis auf der hier abgebildeten Rechnung mit den autographen Unterschriften der Essensteilnehmer vom Jugendstreichorchester entsprach zu jener fast der Hälfte eines monatlichen Lehrergehalts

Restaurantrechnung mit den Autogrammen der Teilnehmer am opulenten Essen

Ferien • Impressionen I
Die »*Großen*« beim sonntäglichen Frühschoppen

Ferien • Impressionen I

Ferien • Impressionen I

Ferien • Impressionen I

Tagesausflug mit einem gecharterten Schiff von der Müritz zum Bolter-Kanal und zur Alten Fahrt mit Zwischenaufenthalten zum Baden

Ferien • Impressionen I

Ferien • Impressionen I

Ferien • Impressionen I

Ferien • Impressionen I

Ferien • Impressionen I

Ferien • Impressionen I

Ferien • Impressionen I

Der Brocken zum Greifen nah

Orchesterausflug in den Harz mit Überraschungsfinale

Ein seinerzeit bekannter DDR-Witz stellte die Frage nach dem höchsten Berg der DDR. Die Antwort lautete: Der Brocken, obwohl er mit 1141,2 m nur der zweithöchste Gipfel in der DDR war. Der Fichtelberg im Erzgebirge ist mit 1215 m um 73,8 m höher. Doch auf den Brocken konnte man nicht gelangen, da er militärisches Sperrgebiet an der innerdeutschen Grenze war.

Im gesamten Vorharzgebiet und somit auch von Halberstadt aus ist der Brockengipfel die dominante topographische Erhebung und damit im Bewusstsein stark verankert. Zudem kam für die Region das Fernsehen der DDR vom Funkturm auf dem Brocken und das West-Fernsehen vom westlich etwas rückwärtig gelegenen Torfhaus.

Zwar war ein Sperrbezirk um den Blocksberg und die deutsch-deutsche Grenze eingerichtet, doch konnte man auf den Wanderwegen dem Brocken und dem Hochmoorgebiet recht nahe kommen. Auch der Biologie-Lehrer Schulze an der Bertolt-Brecht-EOS, dem heutigen Gymnasium Martineum, dessen Tochter Klavierunterricht bei Herta Rennebaum erhielt, führte für interessierte Botanik-Schüler Exkursionen in das Moorgebiet und den Oberharz in unmittelbare Brocken-Nähe durch.

Natürlich unternahm auch das Jugendstreichorchester Ausflüge, zumal Rolf-Reinhart Loose aus einem Elternhaus stammte, das der Wandervogelbewegung sehr zugetan gewesen war. Sie führten in die Klusberge zu den urzeitlichen Sandsteinhöhlen und der Jugendherberge, in die Spiegelsberge zum Spiegelsbergenschlößchen und zum Bismarkturm, in die Thekenberge zum Gläsernen Mönch und zur Hoppelnase, aber auch in den Huy zum Kloster Huysburg, zur Sargstedter Warte und in die Danneilshöhle.

Ein Ausflug ist aufgrund seines Finales allen Beteiligten noch in besonderer Erinnerung geblieben: Es muss um 1970 gewesen sein, als ein Orchesterausflug in den Oberharz führte.

Früh morgens ging es mit der Eisenbahn nach Wernigerode und dann mit der dampfenden und schnaufenden Harzquerbahn weiter in den Harz. Die wild-romantische Steinerne Renne wurde hinaufgekraxelt und oben in der Gaststätte eine erste Rast eingelegt. Obwohl die Ersten schon wieder umdrehen wollten, spornte Rolf-Reinhart Loose zum Weiterwandern an. So wurden noch verschiedene Klippen erklommen, der Ottofelsen bestiegen und die Plessenburg besucht. Es war schön, aber auch anstrengend. Die Zeit war bereits fortgeschritten und so wäre von hier aus ein Rückwandern jedoch problematisch geworden. Also gingen wir fußmüde, aber vom quirligen Rolf-Reinhart Loose angeführt, weiter auf den Ilsefelsen zu, stiegen in das Ilsetal hinab und steuerten den Bahnhof von Ilsenburg an.

Bis dahin waren wir völlig unbehelligt geblieben. Doch als Rolf-Reinhart Loose die Fahrkarten zurück nach Halberstadt lösen wollte, trat ein Problem auf: Wir hatten keine Passierscheine, denn wir befanden uns im Grenzsperrbezirk – erst 1971 wurde Ilsenburg aus dem Sperrbezirk herausgenommen. Somit gab es also zunächst erhebliche Verwicklungen. Wir befürchteten schon, dass wir verhaftet würden. Doch Rolf-Reinhart Loose diskutierte mit den Grenzern und suchte die Situation zu klären.[1] Vor allem aber: Etwa dreißig vom Wandern völlig erschöpfte und müde Schülerinnen und Schüler mussten ja doch irgendwie wieder nach Hause kommen.

Na, irgendwie gab es dann doch eine Einsicht und in letzter Sekunde durften wir den zur Abfahrt bereitstehenden Zug besteigen, der uns direkt von Ilsenburg über Wernigerode ins heimatliche Halberstadt brachte. Ein Ausflug, der noch lange im Gedächtnis blieb.

---

1 Eine kleine Köpenickiade wird vom Orchester des Theaters Magdeburg kolportiert. Bei einem Orchesterausflug in den End-1960er Jahren verliefen sich die Musiker auch nach Ilsenburg ins Sperrgebiet. Als sie von den Grenzposten angehalten wurden, antworteten die gewitzten Orchesterleute auf die Frage nach der Legitimation: »*Da müssen Sie mal unseren General anrufen*«. Daraufhin salutierten die Grenzer und ließen das wandernde Orchester weiterziehen. Der »*General*« hatte Wirkung gezeigt – gemeint war allerdings der »*Generalmusikdirektor*«.

Immer das richtige Outfit

Immer das richtige Outfit
Auch auf Wanderschaft Business like

Seltsam, im Nebel zu wandern

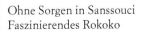

Ohne Sorgen in Sanssouci
Faszinierendes Rokoko

Winterfreuden • Drei Annen Hohne

Exkursionen und Ausflüge

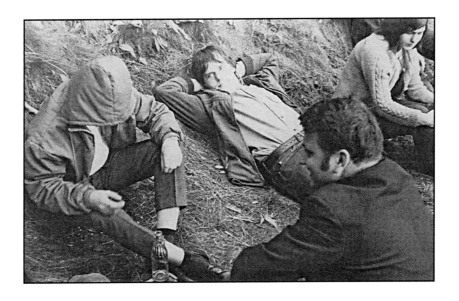

Exkursionen und Ausflüge

Verschnaufpause im barocken Dresdener Zwinger

Ausflug zum Regenstein bei Blankenburg/Harz

Exkursionen und Ausflüge

Schiffstour auf der Havel

Exkursion zum Kyffhäuser und zur Kaiserpfalz Tilleda an einem heißen Sommertag, ca. Mitte der 1970er Jahre, mit Badespaß an der Talsperre Kelbra, Eigenversorgung am Grill und lustigen Liedern auf der Rückfahrt mit Rolf Loose am Akkordeon

Ferien • Impressionen II

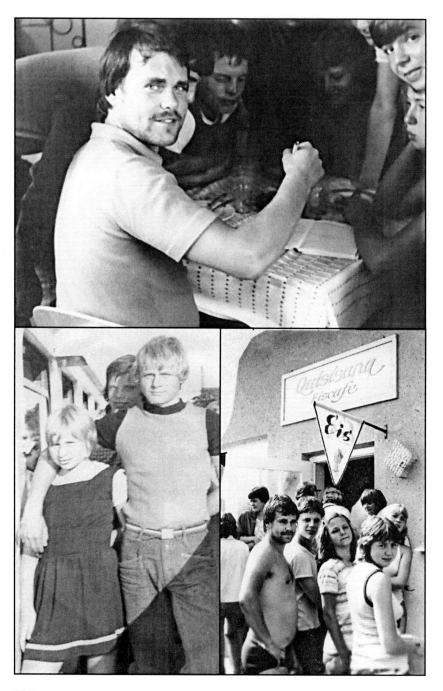

Von Mädchen umschwärmt

Ein toller Hecht • Sprung

Ferien • Impressionen II

Verkleidungsspaß • Fasching ist angesagt

Ferien • Impressionen II

Ferien • Impressionen II

Ferien • Impressionen II

Ferien • Impressionen II

Ferien • Impressionen II

Ferien • Impressionen II

Ferien • Impressionen II

Ferien • Impressionen II

Ferien • Impressionen II

Kochen und Bruzzeln gehörten zu den Lieblingsbeschäftigungen
etwa 30 hungrige Jugendliche waren zu versorgen

Ferien • Impressionen II

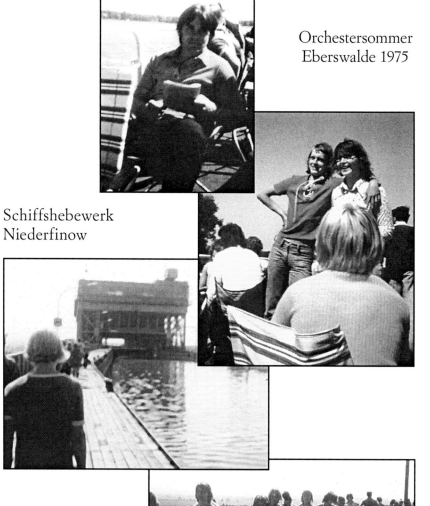

Orchestersommer
Eberswalde 1975

Schiffshebewerk
Niederfinow

Ferien • Impressionen II

Ferien • Impressionen II

Wir fuhren mit einem LKW (40 Personen mit Koffern, Instrumenten, Schlafsäcken, 15 Zelten und gesamter Campingausrüstung) nach Malcesine (850 km entfernt) zum Zelten. Die Zelte bildeten einen großen Kreis, in der Mitte war die Feuerstelle. Vor jedem Zelt standen eigen gebaute Tische und Stühle. Das Mittagessen kochte Herr Loose. Zum Schluck vor dem Mahl wurden Lieder oder einen Zuruf rumrief. Ein großes Zelt war allein für Gelehrte und andere Lehne - wirkel bestimmt. Wir bauten uns auch ein Floß, es trug aber nur unsere Kleinsten und Leichtesten. Wir waren auf dem Zeltplatz abends und morgens die Letzten. Momentweis gingen wir baden auch in der Nacht (PKW Holt erst die Jungen und dann die Mädchen). Einmal überschauung mit dem See bei Mondschein. Die Großen gingen abends meist zur Disko oder "arbeiten" oder in die Dorfkneipe tztz. Die anderen lutschen das Lagerfeuer und wurden von den Steinen Malchs befragt. Am Ende des Malches eine Stuhlreihe führen wir noch mit dem Herrn Beiner Motorschiff "Klaus" über die Mitte nach Dobel und zurück.

Zurück fuhren wir in Luxusbus.

Ferien • Impressionen II

Ferien • Impressionen II

Ferien • Impressionen II

Ferien • Impressionen II

Ferien • Impressionen II

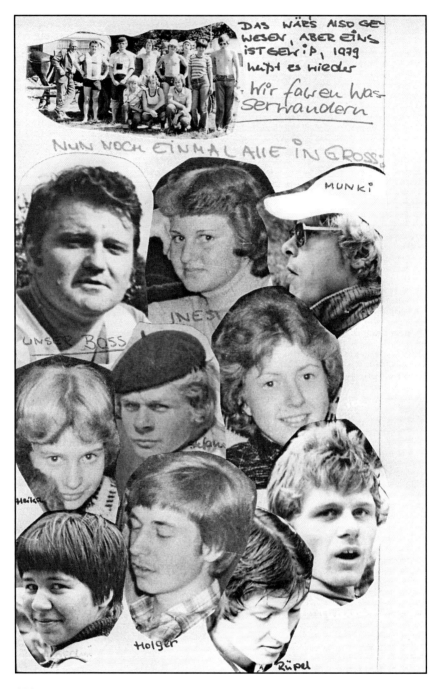

Ferien • Impressionen II

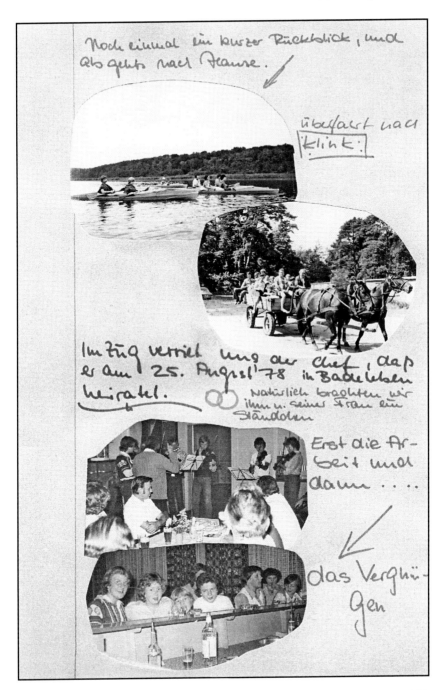

Noch einmal ein kurzer Rückblick, und als gehts nach Hause.

überfahrt nach Klink.

Im Zug verriet uns der Chef, daß er am 25. August '78 in Badeleben heiratet. Natürlich brachten wir ihm u. seiner Frau ein Ständchen.

Erst die Arbeit und dann....

das Vergnügen

Ferien • Impressionen II

Ferien • Impressionen II

Silvester 1978/79 im Klub bei Petra

Den Rest der Feier kann sich jeder denken.

IN DIESEM WINTER GAB ES AUCH SCHNEE bei −24°C.

← Am 1. Jan. 1979 waren wir schon bald wieder fit, nachdem wir im Klub aufgeräumt hatten

Ferien • Impressionen II

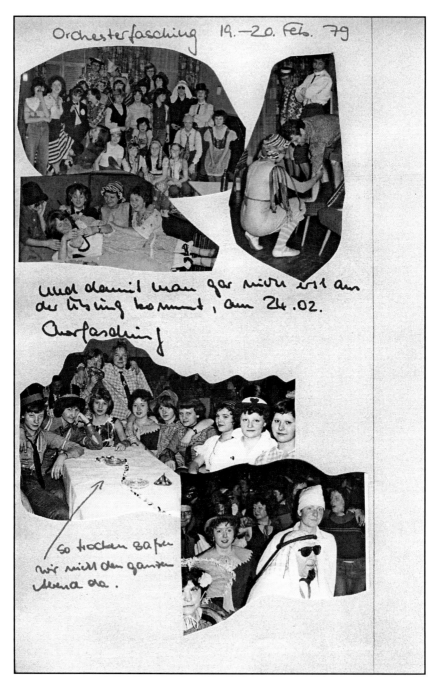

Ferien • Impressionen II

Februar 79

Orchesterfasching mit Herrn Loose im „Klub der Intelligenz"

Ines Hermäums auf der Suche nach ihrem Partner, den sie durch Befühlen der Waden erkennen sollte.

Ferien • Impressionen II

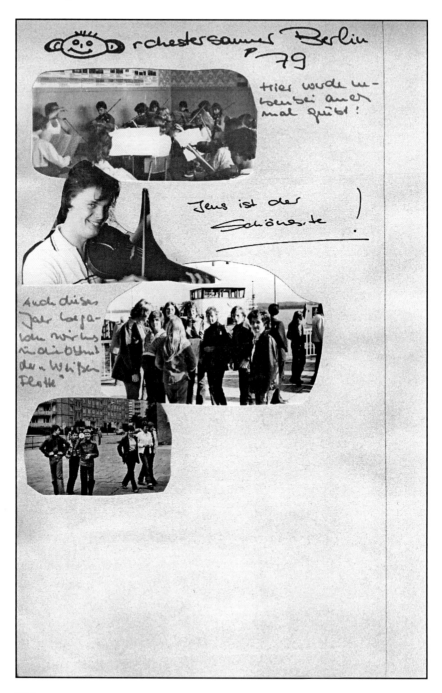

Ferien • Impressionen II

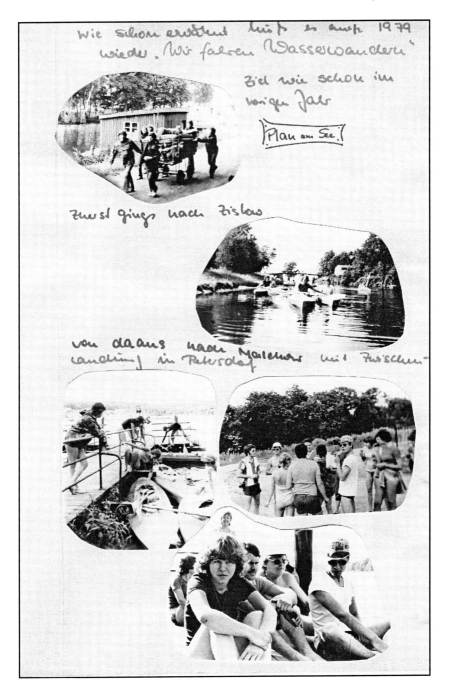

Ferien • Impressionen II

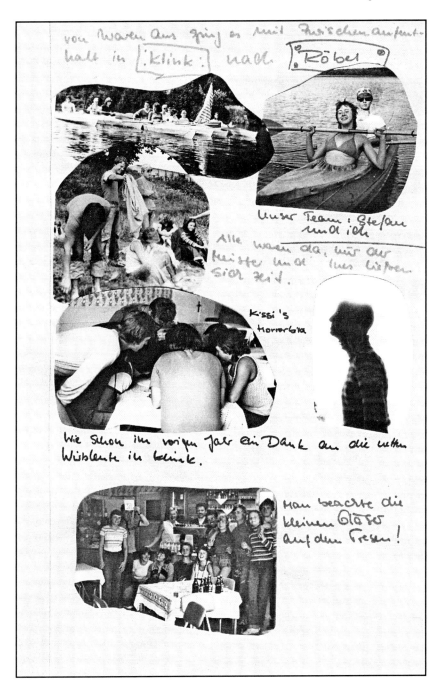

Ferien • Impressionen II

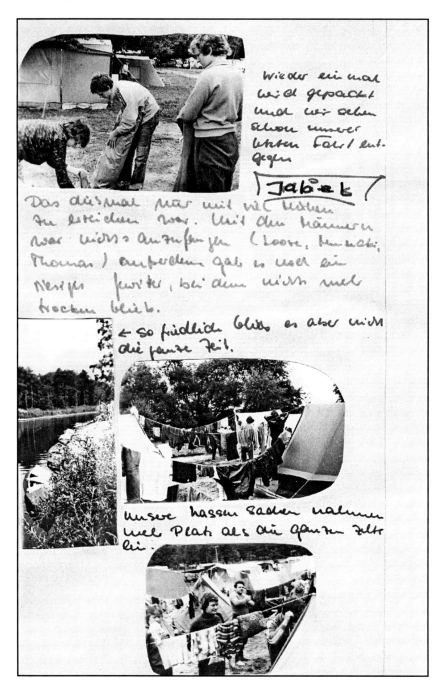

Wieder einmal
viel gepackt
und wir sehen
schon unser
letzten Fahrt ent-
gegen

Jabek

Das diesmal mit viel Wehen
zu erreichen war. Mit den Kännern
war nichts anzufangen (Loore, tensatri,
Thomas) Außerdem gab es noch ein
Nesips furke, bei dem nichts mehr
trocken blieb.

← So friedlich blieb es aber nicht
die ganze Zeit.

Unsere nassen Sachen nahmen
mehr Platz als die ganzen Zelte
ein.

Ferien • Impressionen II

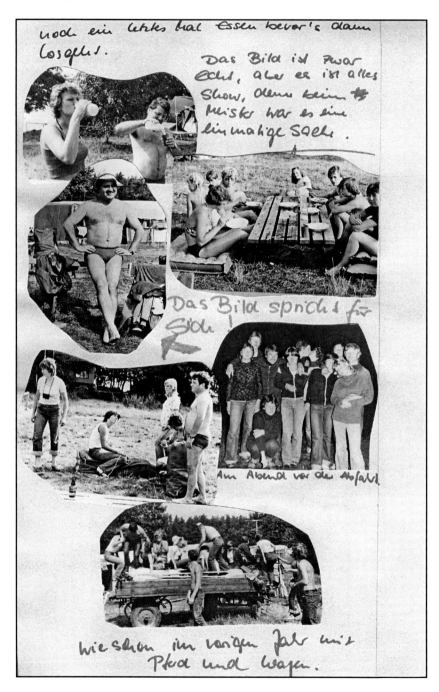

Ferien • Impressionen II

So, nun ist die
schöne Zeit vorbei
und „Hamm" geht's.

Aber eines ist gewiß:
Sind die Jungen auch bei der
„Fahne" 1980 geht's wieder los,
denn das war auf keinen Fall
das letzte Mal!

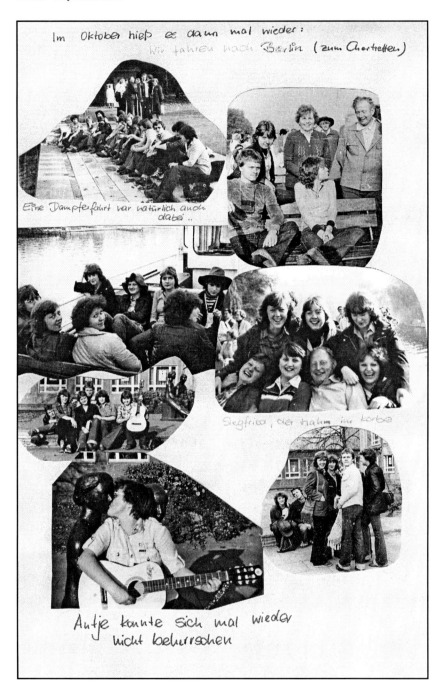

Ferien • Impressionen II

Ferien • Impressionen II

Ferien • Impressionen II

Ferien • Impressionen II

Ferien • Impressionen II

Ferien • Impressionen II

Ferien • Impressionen II

Ferien • Impressionen II

Ferien • Impressionen II

Am 1. Juni 1998 nahm der Tod
unserem Ehemann, Vater und Opa,
dem Musiker, Chordirigenten und Pädagogen

Rolf-Reinhart Loose

* 27. August 1938

den Taktstock für immer aus der Hand.

Er wird uns fehlen.

Christine und **Ralf Loose**
Familie **Jens Loose**
Familie **Jörg Loose**

Die Trauerfeierlichkeiten finden am 5. Juni 1998 um 14.00 Uhr auf dem Städtischen Friedhof und anschließend im Club der Volkssolidarität, Friedenstraße 50, statt.

Rolf-Reinhart Loose
1938–1998

ÄDTER TAGEBLATT 4. Juni 98

Zum Gedenken an den Chorleiter und Lehrer Rolf-Reinhart Loose

Unangepaßter Vollblutmusiker

Von **Dr. Rüdiger Pfeiffer**

Rolf-Reinhart Loose starb in der Nacht zum Pfingstmontag. F.: privat

Halberstadt. Eine kraftvolle Stimme im Chor des Halberstädter Kulturlebens ist für immer verstummt. Rolf-Reinhart Loose zehrte von der Musik, sie zehrte an ihm. Mit Leib und Seele war er Musikant und Pädagoge. Dafür lebte er, darin ging sein Herz auf, und dafür stellte er Persönliches und Familiäres ohne Zögern hintenan.

Mit Musik Freude zu bereiten und Frohsinn zu vermitteln, war seine Lebensmaxime und sein Lebenselexier. Seine zupackende, ja hemdsärmlige Wesensart und schonungslose Direktheit lagen nicht jedem, aber vielen, die seine Offenheit zu schätzen wußten und denen er selbst so viel von seiner Liebe zur Musik mitgeben konnte. Wahre Künstler sind unbequem, und Rolf Loose war aus seinem Wissen um die geschichtlichen Dimensionen der Zeitereignisse und um die großen Menschheitsvisionen der Kunst zeitlebens ein Unangepaßter. Doch, wer Zugang zu ihm gefunden hatte und sich auf ihn einließ, den vermochte er mit Begeisterung mitzuziehen in die freudvolle Erlebniswelt, die sich nur dem selbst Musizierenden und Singenden in Gemeinsamkeit auftut.

Als begnadeter Dirigent und genialer Klavierspieler sowie mitreißender Chorleiter fand er in Halberstadt und im Landkreis Achtung und Anerkennung bei vielen Menschen, denen das gemeinschaftliche Singen und Musizieren Grundbedürfnis ist. Hans Auenmüller und Wolfgang Huth holten den jungen Musiklehrer ans Theater, wo er große Opern und Sinfonien sowie Festlichkeiten mit „seinen" Chören dirigieren konnte. Mit dem einzigartigen Elan der noch vom Krieg berührten, aber verschonten Generation stellte er sich in die Chorbewegung hinein. Zeitweise leitete Rolf Loose an jedem Abend der Woche einen anderen Chor und manchen Tag sogar zwei. Auch als er kürzer treten mußte, hing sein Herz an der Chorgemeinschaft Halberstadt, dem Harslebener und Aspenstedter Chor. Nicht allein der Schönklang stand im Mittelpunkt seiner Bestrebungen, sondern die allgemeine Freude am Singen und an der gelungenen Herausarbeitung des klangvoll Charakteristischen. Musizieren sollte Spaß machen.

Unvergessen bleibt auch sein Engagement für die Halberstädter Musikbesonderheit: das einzigartige Jugendstreichorchester, das unter seinen dirigierenden Händen und seiner durchaus unkonventionell zu nennenden Pädagogik über zwei Jahrzehnte Kinder und Jugendliche aus allen Schichten der Bevölkerung mit dem Instrumentalspiel vertraut machte und nicht allein beeindruckende Konzerte und Auftritte vollbrachte, sondern eine Gemeinschaft wacher, regsamer und starker Persönlichkeiten formen half, die heute in vielfältiger Weise das geistige, kulturelle und politische Leben der Stadt, des Landkreises und des Landes mitgestalten helfen. Die einzigartige Persönlichkeit Rolf-Reinhart Loose ist nicht zu ersetzen.

Mitglieder des Jugendstreichorchesters Halberstadt
(Vollständigkeit wurde angestrebt)

1965–1971/73:

Gabriele	Auenmüller	Violine
Heidemarie	Baumeyer	Viola
Cornelia	Bengsch	Violine
Reiner	Bobek †	Kontrabass
Marianne	Dahrmann	Violine
Wolfgang	Dahrmann	Violoncello
Heide	Dannenberg	Violine
Evelin	Daubitz	Violine
Petra	Denecke	Violoncello
Carola	Dieck	Violine
Eckhard	Dieck	Kontrabass
Gerlinde	Dreyer	Viola
Monika	Fechner	Violine
Burckhard	Goethe	Violine
Clemens	Goethe	Violoncello
Klaus-Peter	Goslar	Viola
Martina	Jentsch	Violine
Uwe	v. Koslowski †	Fagott
Jörg	Liehr	Viola
Monika	Lindenberg	Violine
Lydia	Lücke	Violine
Petra	Männicke	Violine
Bernd	Moczko	Violoncello
Reinhard	Moczko †	Violine

Rüdiger	Pfeiffer	Violoncello
Wilfried	Pruschke	Violine
Angelika	Rasch	Violine
Cornelia	Rasch	Violine
Sabine	Rein	Viola
Ilona	Schmidt	Violine
Doris	Schulze	Violine
Roland	Steinmetzer	Violine
Sibylle	Strathmann	Violoncello
Hans-Günter	Strauch	Klavier
Gabi	Suppas	Violine
Hartmut	Werner	Violine

1971–1981

Peter	Andrusch	Querflöte
Stefan	Andrusch	Violoncello
Thomas	Andrusch	Viola
Michael	Auenmüller	Violoncello
Ines	Bender	Violine
Klaus-Peter	Beyer	Violine
Andreas	Bügel	Fagott
Britta	Dimanski	Violine
Birgit	Fechner	Violine
Gesine	Fischer	Viola
Monika	Gabriel	Violine
Tilman	Gassler	Violine
Heika	Hartenstein	Violine

Mitglieder des Jugendstreichorchesters Halberstadt

Peter	Hartenstein	Violine
Ines	Herrmanns	Violine
Burkhard	Hofmann	Violoncello
Holger	Hofmann	Violine
Frank	Hoffmann	Violine
Henning	Jäger	Violine
Marko	Junkel	Schlagzeug, Xylophon
Michael	Junkel	Schlagzeug, Xylophon
Jens	Kaschub	Viola
Valentina	Kopfer	Violine
Andrea	Kretschmer	Violine
Patricia	Kretschmer	Violine
Rosita	Lange	Violine
Anke	Lautenbach †	Klavier
Kay	Lautenbach	Violoncello
Peter	Liehr	Violine
Jens	Loose	Violoncello
Ulrich	Matura	Violine
Petra	Mikofski	Viola
Dietrich	Mund	Violoncello
Martin	Oelkers	Kontrabass
Bernd	Nölle	Viola
Kathrin	Pfeiffer	Violine
Susanne	Pfeiffer	Violine
Bernd	Rackey	Bass
Kathrin	Rößler	Violine
Katrin	Schütte	Violine

Gudrun	Schütz	Violine
Roman	Sekula	Violine
Sabine	Sepp	Violine
Uta	Sepp	Violine
Jörg	Sischka	Violine
Antje	Spessert	Violine
Gilda	Steinmetzer	Violine
Franziska	Swars	Violoncello
Holger	Thiele	Violine
Gabriele	Vogel	Violine
Gunhild	Wegener	Violoncello
Antje	Wiechmann	Violine
Angela	Wilke	Violine

1981–1996

Beate	Büchner	Violine
Ralf	Benth	Viola
Gunhild	Evers	
Undine	Flachsmann	
Mark	Gruszka	
Axel	Hartmann	
Kathrin	Hauke	
Uwe	Himpel	
Andrea	Kielscher	
Kathrin	Klaus	Violine
Cynthia	Klein	
Michael	Klein	

Mitglieder des Jugendstreichorchesters Halberstadt

Susanne	Köhler	
Stefan	Kolbe	Violoncello
Alfred	Konrad	Fagott
Ute	Kuska	
Ralf	Loose	Violoncello
Heike	Lortz	
Andrea	Moczko	Violine
Kerstin	Resech	
Michael	Rhode	
Gundolf	Roeder	
Jenny	Schmidt	
Timon	Schneider	
Kati	Steinmetzer	Violine
Brüder	Strozinski	Violine, Violocello
Claudia	Swars	Violine

Künstlerischer Leiter

Rolf-Reinhart Loose
(1938–1998)

Gastdirigenten

MD Hans Auenmüller, Volkstheater Halberstadt

Wolfgang Huth, Volkstheater Halberstadt

NPT GMD Prof. Heinz Fricke, Staatsoper Berlin, Norske Opera Oslo, National Oper Washington

Instrumentallehrer

Karl Hoffmann, Theaterorchester Halberstadt

Horst Junkel, Violine, Theaterorchester Halberstadt

Helmut Radonz, Violine, Theaterorchester Halberstadt

Wolfgang Sellmann, Violine, Theaterorchester Halberstadt

Gerhard Strauch, Violine, Theaterorchester Halberstadt

Wolfgang Beinroth, Viola, Theaterorchester Halberstadt

Rudolf Fritzsch, Violoncello, Theaterorchester Halberstadt

Willy Scholz, Kontrabass, Theaterorchester Halberstadt

Arno Ruppe, Querflöte, Theaterorchester Halberstadt

Eberhard Suppas, Oboe, Theaterorchester Halberstadt

Rainer Solny, Fagott, Theaterorchester Halberstadt

Waldemar Hofmann, Waldhorn, Theaterorchester Halberstadt

Solisten

KS Marie-Luise Lorenz, Mezzosopran, Volkstheater Halberstadt

Werner Rautenstengel, Bass, Volkstheater Halberstadt

Gabriele Auenmüller, Violine und Sopran

NPT Klaus Peters, Violine, Konzertmeister der Staatskapelle Berlin

Thorsten Rosenbusch, Violine, 1. Konzertmeister der Staatskapelle Berlin

NPT Karl-Heinz Dommus, Viola, Solo-Bratscher der Staatskapelle Berlin

Bernd Moczko, Violoncello

Dietrich Mund, Violoncello

Rüdiger Pfeiffer, Violoncello

Marko und Michael Junkel, Xylophon, Percussion

Hans-Günter Strauch, Klavier

Anke Lautenbach, Klavier

Gottfried Köhler, Klavier

Elisabeth Schreiner, Klavier

Kooperationen

Volkstheater Halberstadt (Patenschaft)

VEB Fleisch- und Wurstwaren (Patenschaft)

Herta Rennebaum, Klavierpädagogin

Hans-Ulrich Sauer, Stunde der Musik, Internationale Kammermusikreihe

Chorgemeinschaft Halberstadt

Chor des VEB Wurst- und Fleischwaren Halberstadt

Volkschor Harsleben

Betreuer, Unterstützer und Förderer

Durchweg alle Eltern unterstützten das Jugendstreichorchester auf unterschiedlichste Weise, deshalb sei auch ihnen an dieser Stelle herzlich gedankt.

Besonders gewürdigt sei das Engagement:

Christa Dahrmann

Erdmuthe Evers

Herbert Fechner

Dr. med. Hans Albert Kolbe

Dieter Krone

Christine Loose

Paula Moczko

Siegfried Olm

Helmut Otto

Dr. med. Henry Rößler

Siegfried Strathmann

Christel Waldhaus

Musizierte Werke (Auswahl)

Hans Auenmüller	Sinfonie in D (Uraufführung) *Lied des Türmers* Volkslieder-Arrangements
Johann Christian Bach	Sinfonia D-Dur
Ludwig van Beethoven	Ouvertüre zur Oper »*Fidelio*« Chorwerk »*Das Leben, das uns Leben lehrt*« (Text: Günther Deicke)
Franticek Benda	Sinfonia
Placidus von Camerloher	Sinfonie G-Dur
Carl Ditters von Dittersdorf	Sinfonie C-Dur
F. Eberle	Kupferberg-Gold, Sekt-Galopp op. 28
Hanns Eisler	Chorlied »*Es sind die alten Weisen*« Arr.: Hans Auenmüller
Johann Fischer	Tafelmusik
Johann Caspar Ferd. Fischer	Orchestersuite D-Dur
Julius Fucík	Florentiner Marsch
Georg Friedrich Händel	Feuerwerksmusik Wassermusik
Wolfgang Huth	Suite in D (Uraufführung) Frohe Jugend, Marsch (Uraufführung) Operetten- und Musical-Arrangements
Addy Kurth	»*Palisander*« Konzertstück für Xylophon und Orchester
Frederick Loewe	Melodienfolge aus dem Musical »*My fair Lady*«
Albert Lortzing	Chorschule »*Heil sei dem Tag …*« aus der Oper »*Zar und Zimmermann*«
Paul Lincke	»*Das ist die Berliner Luft*« Melodienfolge
Jean-Baptiste Lully	Orchestersuite D-Dur
Leopold Mozart	Kindersinfonie

Musizierte Werke (Auswahl)

Wolfgang Amadeus Mozart	Concertante für Violine, Viola und Orchester Es-Dur KV 364 Kleine Nachtmusik, Serenade G-Dur KV 525 Ave verum corpus
Gerd Natschinsky	Melodienfolge aus dem Musical »Mein Freund Bunbury«
Johann Pachelbel	Kanon in D
Gustav Peter	»Souvenir de Cirque Renz« Konzertstück für Xylophon und Orchester
Giacchino Rossini	Ouvertüre zu »Der Barbier von Sevilla«
Franz Schubert	Musik aus »Rosamunde« Romanze für Violine (Violoncello) und Orchester
Bedrich Smetana	»Seht am Strauch die Knospen springen« Chor aus der Oper »Die verkaufte Braut«
Johann Stamitz	Sinfonie D-Dur op. 3 Nr. 11
Johann Strauß (Vater)	Radetzky-Marsch
Johann Strauß (Sohn)	Pizzicato-Polka
Georg Philipp Telemann	Konzert für Viola, Streicher und B.c. Ouvertürensuite für Violoncello, Streicher und B.c.
Giuseppe Torelli	Konzert für Trompete und Orchester D-Dur
Giuseppe Verdi	»Zigeunerchor« aus der Oper »Der Troubadour« Freiheitschor aus der Oper »Nabucco«
Antonio Vivaldi	Konzert für Violine, Streicher und B.c. a-Moll Konzert für Violoncello, Streicher u. B.c. a-Moll Konzert für Violine und Violoncello, Streicher und B.c. B-Dur
Richard Wagner	»Wach auf« Chor aus »Die Meistersinger von Nürnberg«

Handschriftliche Chronik
1966–1971

Handschriftliche Chronik 1966–1971

Mitte Februar wurde das Kreisorchester der Marx-Engels-Oberschule gegründet. Mitglieder aus dem Blockflötenchor gaben uns einmal wöchentlich Unterricht. Da Herr Hatzelmann schon das Blasorchester leitete, hatte er wenig Zeit mit dem Streichorchester gesamtproben durchzuführen. Bis zum Schuljahr 1966/67 war Boos, ein Musiklehrer aus der Friedensschule, zu uns gekommen. Er übernahm das Orchester und dadurch führten wir bei ihm Gesamtproben durch. In der folgenden Zeit wurde durch fleißiges Üben auch während der Freizeit ein guter Leistungsstand des gesamten Orchesters erreicht.

Wir konnten dann einige Demonstrationen, teils mit dem Blasorchester, teils mit dem ganzen Orchester zusammen. Der erste Auftritt des gesamten Orchesters war anläßlich der Pionierablösungstage im Dezember 1966. Im Jahre 1967 kam zum Internationalen

---

Mitglieder des Kreisorchesters 1968

Orchesterleiter: Herr Boos

Bässe: Rainer Babel, Eckhard Dieß

Cellisten: Rüdiger Pfeffer, Bernd Woczko, Wolfgang Lehmann, Sibylle Brandtmann, Yvonne Goethe

Bratschen: Gerlinde Dreyer, Stephanie Bummig, Klaus-Peter Jacker, Sabine Rein

2. Geigen: Burkhard Goethe, Parida Dieß, Lydia Lücke, Monika Kirstenberg, Petra Wannicke, Marianne Dahlmann

1. Geigen: Gabriele Jammüller, Reinhard Woczko, Heide Donnenberg, Monika Fechner, Wilfried Prusska, Doris Pohlers, Ylana Bernett, Kornelia Bangsby

30. Juni

Die Schüler der Friedrichschule kamen im Gebäude der Bäckereiwirtschaft zusammen um ihre Zeugnisse feierlich in Empfang zu nehmen. Wir spielten zu dieser Feierstunde.

2. Juli

Der 2. Juli, der Tag an dem uns die Abordnung der 10. Klassen verlassen, kam heran. Wir trafen uns alle im großen Saal um – raum des R.A.W. Nicht nur das Abreise orchester spielte mit, sondern auch das Blasorchester, der Chor und das Ballett. Einige unserer Mitglieder besuchten an schließend dem Pionierabend, der anläßlich der Musikwoche in der Bergpolikli- nik veranstaltet wurde.

3. Juli

Nicht nur zu Proben und Auftritten kommen wir zusammen, sondern auch zu netten Freizeitveranstaltungen. Bei herrlichem Sommerwetter trafen wir uns im Sommer-

bad. Herr Loose brachte uns Süßigkeiten mit die uns allen sehr gut mundeten. So verließen wir einige gemütliche Stunden.

4. Juli

In unserem Stadttheater wurde die Oper "Stadthauptmann Horst" aufgeführt. Da dies eine Uraufführung von Herrn Auen- müller war, sagte sich im und der Wunsch dieses einmal anzuschauen und zu hören. Herr Loose war gleich bereit mit uns dort hinzugehen.

In den großen Ferien verblieben wir wieder einige schöne Tage in Lehsen. Das Wetter war während dieser Zeit mitunter warm war, fühlten wir uns weniger als im vorigen Jahr. Fast jeden Tag gingen wir baden. Unter anderem mach- ten wir eine Bootsfahrt, besuchten das Kino und jungen Badeln. Herr Loose war Klasse. Er hatte immer Zeit und Verständ- nis für uns. Unsere Elke sorgte für unser leibliches Wohl wie eine Mutter.

Heiß war es, im Wasser und Fernwasser-
ken ganz groß. Leider gingen die schönen
Tage viel zu schnell vorbei. Bald mußten
wir an die Heimfahrt denken. Bei unserer
Abschlußfeier ging es lustig zu. Unsere
Parole lautete:
KERNIG – EHRLICH – ASTREIN.

2.2. September
Da wieder ein neues Schuljahr begonnen
hatte, unternahmen wir in der Wölke-
Poetzsch-Schule die Einführung in die
Jugendweihestunden.

30. September
zum 13. Jahrestag des Deutschen Turn-
und Sportbundes spielten wir an diesem
Tag im Kulturraum des HTV.

2. Oktober
Heute spielten wir anläßlich des 19jähri-
gen Bestehens der DDR im Altersheim. Nord.
Anschließend ging eine kleine Gruppe

zu Familie Wocalas und spielten dort
ein Geburtstagsständchen.

4. Oktober
Auch an die alten Bürger im Pflegeheim
süd dachten wir, und gaben ein kleines Konzert.

8. Oktober
Auf Grund der Aufnahme einiger Pioniere
in die FDJ gestaltete unser Orchester
ein Kulturprogramm. Danach wurden
wir mit Kaffee und Kuchen belohnt.

25. Oktober
Unser Pionierleiter heiratete. Wir umrahmten die Eheschließung in der Dom-
probstei. Als Dank wurden wir einige
Tage später mit Kaffee und Kuchen eingeladen.

28. Oktober
Im Volkstheater wurde das Ehrenkonzert

30. November

Sehr schöne Stunden waren wir, ebenso bei einem Treffen der Botschafter verschiedener sozialistischer Länder mitwirken durften. Einige Orchestermitglieder waren aufgeregt, doch es klappte alles prima.

4. Dezember

Schon in den Proben übten wir Weihnachtslieder, da wir zeit einer Weihnachtsfeier eines alten Ehepaares mitspielen sollten.

9. Dezember

Auch in diesem Jahr spielten wir wieder zum Pionierehrentag im Haus der Jugend.

11. Dezember

Zur Einführung einer Einwohnerversammlung des Wohngebietes Philipp Müller spielten wir einige Stücke.

13. Dezember

Da die Pionierorganisation "Ernst Thälmann" in ihrem 20. Geburtstag in der Hörder Holstein-Schule feierte, umrahmten wir diesen Nachmittag.

15. Dezember

Um den kranken Menschen eine kleine Weihnachtsfreude zu bringen, musizierten wir im Salvator-Krankenhaus. Wir begleiteten den Sängerchor. Ein Zeitungsausschnitt aus der "Volksstimme":

> Am letzten Sonntagvormittag musizierte das Streichorchester der Marx-Engels-Oberschule gemeinsam mit der Chorgemeinschaft Sängerheim unter der Leitung des Dirigenten Herrn L o o s e vor Patienten des Salvator-Krankenhauses. Die Darbietungen fanden großen Anklang und brachten viel Freude

17. Dezember

Ein sehr wichtiger Auftritt war der in Bebelsen. Bei der Umbenennung einer Schule waren einige Persönlichkeiten aus

Berlin anwesend. Zusammen mit dem Bläserquartett spielten wir einige Darbietungen.

30. Dezember
Um bei einem Hinterwaldwirtschafter mit dem Winterrum zu können, fuhren wir mit dem Bus nach Deurode.
Am Silvesterabend saßen wir gemütlich bei unserer Weihnachtsfeier zusammen.

Recht schöne Erinnerungen auf das Jahr 1968 zurückblicken.

1969
Ein neues Jahr hat begonnen. Wir wollen in unserer Arbeit nicht nachlassen, damit wir noch mehr Erfolge verzeichnen können.

6. Januar
Ein großer Teil des Orchesters traf sich zum ersten Mal im neuen Jahr in der Dampfnudelei. Dort hatten wir voller Spannung dem Ende - Querfeldt aus Berlin zu.

11. Januar
Zur Eheschließung der Tochter des Schulrates Herrn Dannhauer spielten wir Ranke in der Dampfnudelei. Dieser Auftritt klappte gut, denn alle gaben sich große Mühe.

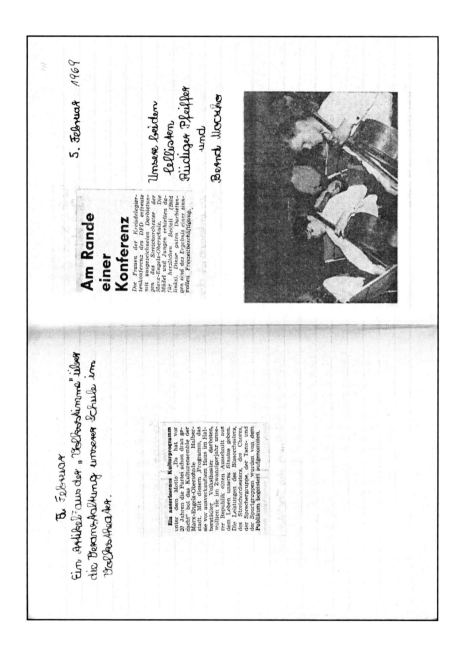

3. Februar

Ein Artikel aus der "Volksstimme" über die Veranstaltung unseres Schule im Volkstheater.

5. Februar 1969

Unsere beiden Cellisten Rüdiger Pfeiffer und Bernd Marcus

9. April

Heute hatten wir einen Auftritt in der Hölder-Hölderlin-Oberschule. Wir spielten vor den Eltern der Schulanfänger des Schuljahres 1969/70. Diese Einladung klappte wohl ohne Bürgermeister, denn kaum war an eine Gruppe erkrankt.

19. April

Im Volkstheater wurde das gleiche Programm aufgeführt wie am 2. Februar. Anschließend es: In Ruth der 20 Jahren die Rede. Dem Programm anging ins Guts. Dieser Auftritt war vor dem Generalprobe für dem Eintritt in Berlin.

27. April

Auch in diesem Jahr spielten wir wieder um Menschenheit zur Jugendweihe. Wir umrahmten die Feierstunde im Postmuseum und Redeleben.

4. Mai

Heute spielten wir im Schaumwerk für die Jugendweihen. Danach schossen wir nach Bochumrod und Brause.

8. Mai

Anläßlich des 8. Mai leiteten wir eine Feierstunde im Union-Theater ein.

9./10. Mai

Als Berlin kann ein schrieben, daß das gesamte Ensemble der Marx-Engels-Oberschule nach Berlin einlud.

Wir freuten uns natürlich alle sehr. 4 in der Proben wurde fleißig geübt, denn keiner wollte sich blamieren.

Endlich nahte dieser Tag. Früh fuhren wir mit Bussen von der Schule ab, so daß wir gegen 11.30 Uhr in Berlin ankommen. Nach unserem kräftigen Mittagessen begannen wir dem dem Treiben, so bis zum Abend an-füllten. Der Abendbrot war die Erfolg mittel-sieg von unserem größten Auftritt, den wir uns jetzt versuchen können. Danach nahem wir, schnell, um erst recht am Morgen nächsten Tag, schritten bis zur Berührung. Der ganze

Handschriftliche Chronik 1966–1971

17. Mai

Am 17. Juni erschien in der "Volksstimme" ein kleiner Artikel über unseren Auftritt vor alten Leuten im Veteranenklub.

Rentner erfreut

Im Monat Mai hatten die Besucher und Gäste des Veteranenklubs in Halberstadt die große Freude, das Streichorchester der Marx-Engels-Oberschule in den Klubräumen zu hören. Im Juni erfreuten wiederum Schüler der Marx-Engels-Oberschule unter Leitung von Herrn Hasselmann die Rentner mit einer ausgezeichneten Blasmusik im Garten.

6. Juni

Heute unternahmen unsere Bläser eine Fahrradtour anläßlich des Tag des Eisenbahners. Auch das Bläserkonzert auf der Chaussee amüsierend.

11. Juni

Zum Tag des Lehrers spielten wir heute im Elternbeirat.

14. Juni

Eine kleine Besetzung des Orchesters spielte im Museum Gleim–Haus vor den Lehrern und Schülern der Marx-Engels-Oberschule. Nach einem Rahmen Imbiss durften wir nach Hause.

28. Juni

Draußen im Freien wurde das alte Programm. Es hat seit 20 Jahren in der Kapelle schon dran gedacht. Im Blasorchester vorgetragen. Alle gaben ihr Bestes, doch der Wind blies mit, so daß wir aufpassen mußten, daß unsere Noten nicht davonfliegen. Zum Mittagessen gab es Erbsensuppe in Pappbechern.

4. Juli

Der Blasorchester und das Spielmannszug umrahmten die Abschlußveranstaltung der Abgänger der Oberen Engels-Oberschule.

6. Juli

Heute, am Sonntag, gestalteten wir eine kleine Festhalbstunde in der Dampfmühle. Hier bekamen die Schüler der Erweiterten Oberschule ihre Abschlußzeugnisse. Da es der Älteren waren, spielten wir in zwei Durchgängen.

7. – 18. August

Auch in diesem Jahr hieß unser Jahresziel Warna. Da uns vieles schaffen wollten, mußten wir täglich mit neuen Stoffs an Ubern herangehen. Wir üchten sich neue Stücke ein, unter anderem aus My Fair Lady 2 Lieder, eine Sinfonie von Bach, den Radetzky-Marsch, Bamalohr und noch vieles mehr. Aber auch die Freizeit mancher Woche wir nachhörigt. Gemeinsam mit Pattern wir am im Wasser herumtollten. War es einmal

nicht so heiß, dann bummelten wir durch die Stadt, naschten Eis oder paddelten auf dem Tiefwarensee. Lange Weile kannte keiner, denn jeder kannte seine Lieblingsbeschäftigung nachzugehen. Einmal ging der Loose mit den älteren Mitgliedern des Orchesters aus. Die jüngeren kamen und dieses Abend wurde noch sehr gemütlich. Die Kleineren bekamen dafür am nächsten Tag eine Tortion Eis spendiert. Mit Herrn Loose verstanden sich alle prima. Es war für jeden Spaß zu haben. Aber auch somit unseren besten "Muttis" konnte man gut auskommen.

Unsere Abschlußfeier war kernig. Endenbraten über dem Feuer, gemütliches Beisammensein und auch Jama wieren dufte.

Bald traten wir die Heimreise an, doch die Stunden in Warna wergaß niemand so schnell.

27. August

Heute eröffnete unser Schulrat das Lehrjahr des neuen Lehrlinge des RAW. Sein Boten unser Können im Theater das Anschließend wurden wir zu einem Imbiß in dem Ausstattern eingeladen.

31. August

Wir leiteten die Ausstellung den jungen Malerin Wanja Petrowa im Deutschen Kulturbund ein.

Dort wurden viele Bilder, der erst zwölfjährigen Wanja ausgestellt.

Das beiliegende Bild, zeigt die junge Künstlerin Wanja Petrowa bei der Anfertigung eines kunstvollen Bildes.

1. September

Mit dem 1. September begann auch für die Schüler der Volkshochschule ein neues Schuljahr. Deshalb veranstalten wir eine kleine Feierstunde in der "Kühn-Hollwitz" Oberschule.

14. September

Mit dem heutigen Auftritt eröffneten wir in der "Kühn-Hollwitz"-Oberschule eine Jugendweihestunde.

20. September

Da die Betriebsberufsschule des RAW den Ehrennamen Ernst Schneller erhielt, umrahmte das ganze Ensemble unseres Klubs diese Feierstunde im Volkstheater. Da die Frau des Widerstandskämpfers Ernst Schneller erkrankt war, konnte sie leider nicht an der Namensverleihung teilnehmen.

24. September

Im Haus der Frieden bilden eine kleine Besetzung des Orchesters eine Veranstaltung der LDPD um.

26. September

Monika Fechner, ein Mitglied unseres Orchesters, feierte an diesem Tag Geburtstag. Nach der Probe gratulierten ihr einige Mitglieder und sie beschlossen, nach dem Kofferheben, daß das Streichorchester das Abwinken für gutes Wissen im Silber abbiegen will.

28. September

Die alten Bekannten, die an einem Nachmittag zusammenkamen, zeigten wir unser Können. Zusammen mit dem Blasorchester, dem Chor und der Revisionsgruppe gestalteten wir mit dem Programm "Da hat vor 20 Jahren die Partei dran gedacht" diesen Tag.

Handschriftliche Chronik 1966–1971

21. Oktober

Dieser Tag wurde für viele Bürger unserer Stadt zum Erlebnis. Insgesamt wurden 400 Werktätige in die Reihen der Arbeiterparteien aufgenommen. Unser Ortsleiter umrahmte dieses Freundschaftstreffen.

31. Oktober

Auch an diesem Tag gratulierten wir Herrn Auermüller wieder zum Geburtstag.

6. November

An diesem Tag gratulierten wir im Union-Theater die Feierstunde anläßlich des 52. Jahrestages der großen sozialistischen Oktoberrevolution.

30. November

Heute in der "Volksstimme" und auf Plakaten wurde unser 1. Konzert angekündigt.

FESTLICHES KONZERT

Zu einem festlichen Konzert am 30. November 1969 um 16 Uhr in der Aula der Käthe-Kollwitz-Schule lädt ein:

Das Streichorchester der Marx-Engels-Oberschule.

Mitwirkende: u. a. Schülerkreis, H. Rennebaum, Orchestermitglieder des Volkstheaters.

Schüler geben ein festliches Konzert

Ihr erstes selbständiges Konzert geben die Mädel und Jungen des Streichorchesters der Halberstädter Marx-Engels-Oberschule. Seit Wochen bereiten sich die jungen Künstler unter die Leitung des Lehrers Rolf Loose und mit großer Unterstützung von Orchestermitgliedern des Volkstheaters auf dieses festliche Konzert vor. Sehr viele Proben und Übungsstunden liegen nun hinter den jungen Musikern. Am Sonntag werden sie um 16 Uhr in der Aula der Käthe-Kollwitz-Oberschule ihr Können unter Beweis stellen. Lobenswert ist die Bereitschaft von Orchestermitgliedern des Volkstheaters, die in dem Streichorchester dieser Oberschule persönlich mit musizieren werden. In dem Konzert erklingen Werke von Schubert, Bach, Haydn und Strauß.

Handschriftliche Chronik 1966–1971

3. Dezember

Der Vorkurses veranstalten wir in Feierstunde anläßlich des 15 jährigen Bestehens des Gymnasiums einen Schüler-Konzert.

17. Dezember

Die Lehrer im Klubhaus Prof. Hans-Huhn mit einer Schülergruppe eine Lesung Weihnacht für die Kinder an.

19. Dezember

Und unsere Spielten wir im Klubhaus zur Paß für eine Weihnachtsfeier.

Alle diese Einsätze zeigten uns, daß wir in diesen Jahren immer wieder Erfolge zu verzeichnen haben.

Am Donnerstag, dem 11. Dezember erschien in der "Volksstimme" nachstehender Bericht.

iches Konzert erfreute

estlichen Konzerts in der Kulturaula. Gleiches Mädel und drei Jahren beim Orchester der schule für Musik. Der besondere Beifallapplaus war den gastierenden Künstlern in ihrer gemeinsamen Arbeit. Gleiches galt für den Chor und Bläserorchester des Halberstädter Theaterorchesters unter Herta Renne. Erwies sich die

Qualitäten des jungen Leiters dieses Schulorchesters Rolf-Rainer Loose, der es gerade hier mit seinem Schwung verstand, die Jugend mit fortzureißen und zu Leistungen zu führen, wie sie dieses „Festliche Konzert" offenbarte.

Das vielseitige Programm des klangvoll musizierenden Streichorchesters der Marx-Engels-Oberschule (Bild links) brachte in weit gespanntem Bogen Musik von der Barockzeit bis zur Neuzeit.

Solistisch trat die Konzertmeisterin dieses Schulorchesters Gabriele Auenmüller (Violine)

mit einer Romanze von Schubert hervor, ebenso Bernd Moroko und Rüdiger Pfeifer (Violin-Cello).

Aus dem Schülerkreis von Herta Rennebaum spielten am Klavier mit sicherem Stilempfinden Elisabeth Schreiter (im Klaviertrio von Haydn) und Ulrike Bohne (Cello-Begleitung). Die junge, erst 14jährige Yvonne Gresehnik, brachte gekrönt als Solistin im Zusammenspiel mit dem Orchester einen Satz aus dem Klavierkonzert von Haydn. Ganz besonderem Anklang fand auch die heitere Kindersinfonie mit den Vogelstimmen.

Handschriftliche Chronik 1966–1971

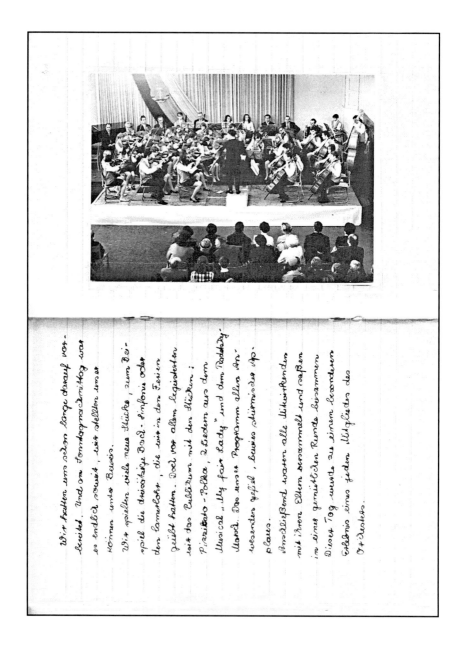

Wir hatten uns schon lange darauf vorbereitet. Und am Sonntagnachmittag war es endlich soweit, wir stellten unser Können unter Beweis.

Wir spielten viele neue Stücke, zum Beispiel die dreisätzige Bach-Sinfonie oder den Sarabande, die wir in den Ferien geübt hatten. Doch vor allem begleiteten wir das Publikum mit den Stücken: Pizzikato-Polka, 2 Lieder aus dem Musical „My fair Lady" und dem Radetzky-Marsch. Das neue Programm ließ an gesonderter Gefühl, Beiers Stimmbildungs aufs plaere.

Am Schlußabend waren alle Mitwirkenden mit ihren Eltern versammelt und saßen in einer gemütlichen Runde beisammen. Dieser Tag wurde zu einem besonderen Erlebnis eines jeden Mitgliedes des Orchesters.

260

1970

Un den Winterferien zählten wir auch dieses
Jahr zwei Wochen lang. Die anstrengenden,
doch auch erfolgreichen Wochen endeten mit
einer Faschingsfeier, auf der sich jeder amüsierte.

8. März

Den ersten Auftritt in diesem Jahr hatten wir
am Internationalen Frauentag. Eine kleine
Besetzung unternahm die Feierstunde der Lehrerinnen im Klubhaus.

15. März

Heute spielten wir zur Tagungsfeier des Genossen
Hohmann im HfW

19. April

Wir umrahmten die Jugendweihen in Rohrs-
heim und Deersheim.

23. April

Anläßlich des 100. Geburtstages Lenins führten

STADTAUSSCHUSS FÜR JUGENDWEIHE
HALBERSTADT

Einladung

zur

am Sonntag, dem 26. April 1970, 11.00 Uhr
im Volkstheater Halberstadt

JUGENDWEIHE 1970

26. April

die Schüler der Volkshochschule ein Programm
auf, welches wir mit gestalteten.

Handschriftliche Chronik 1966–1971

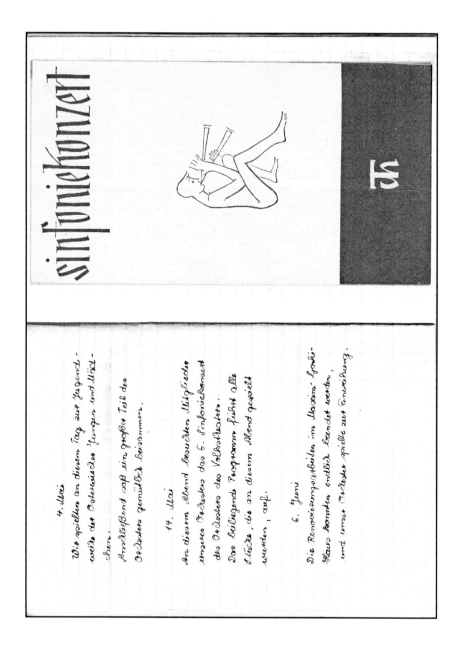

4. Mai

Wir spielten an diesem Tag zur Jugendweihe der Oststeinbeker Jungen und Mädchen.
Anschließend entstand ein großer Teil des Orchesters gemütlich beisammen.

14. Mai

An diesem Abend besuchten Mitglieder unseres Orchesters das 6. Sinfoniekonzert des Orchesters des Volkstheaters.
Das heitrige Programm führte alle Stücke, die an diesem Abend gespielt wurden, auf.

9. Juni

Die Renovierungsarbeiten im Maxim-Gorki-Haus konnten endlich beendet werden, und unser Orchester spielte zur Einweihung.

Handschriftliche Chronik 1966–1971

11. Juni

Heute spielten wir vor Lehrerinnen und Lehrern im Filmclubs. Der Tanz erhielt toll Beifall. Besonders beim Radetzky-Marsch und den zwei Liedern aus „My fair Lady" bewies, daß dieser Auftritt gut geklappt hatte.

14. Juni

An diesem Sonntagvormittag erhielten die Schüler der Friedensschule ihre Abschlußzeugnisse. Unser Orchester umrahmte diese Feierstunde.

28. Juni

Der Chor und das Streichorchester sangen und musizierten vor Veteranen, die heute im HTW durch hohe Auszeichnungen geehrt wurden.

ZWAR HABEN DIE PIONIERE UND SCHÜLER jetzt Ferien — ein anstrengendes Schuljahr liegt hinter ihnen. Besonders die Mädel und Jungen der Marx-Engels-Oberschule, die im Kulturensemble ihrer Schule mitwirken, freuen sich auf die Ferienzeit. Viele von ihnen sind jedoch beim zentralen Pioniertreffen in Cottbus dabei.

29. Juni

In der „Volksstimme" unseren einige Hinweise auf unser Zusammenspiel mit dem Schülerkreis Herta Renntebaum hin.

Was? Wann? Wo?

Ein **Beethovenabend** mit dem Schülerkreis Herta Rennebaum und dem Streichorchester der Marx-Engels-Oberschule ist am Montag, dem 29. Juni, 19.30 Uhr in der Dompropstei.

Handschriftliche Chronik 1966–1971

DEUTSCHER KULTURBUND
Freundeskreis Musik

BEETHOVEN-ABEND
Klavier- und Kammermusik

Montag, den 29. Juni 1970, 19.30 Uhr
Dompropstei

Ausführende: Schülerkreis H. Rennebaum
unter Mitwirkung
des Streichorchesters der Marx-Engels-Oberschule

Leitung: R. R. Loose

Vorverkauf bei Buchta und Loose.

Gekonnte Klaviermusik

Wie so oft hatte auch diesmal Herta Rennebaum in der Dompropstei ein besonders anspruchsvolles und vielseitiges Programm ihres Schülerkreises vorzustellen. Ein besonderes Bravo hierbei R. Loose und wie immer spielten sich auch sieben sauber und präzise musizierenden Schülerstreichorchester der Marx-Engels-Oberschule.

Der zweite, auf das Beethoven-Jahr abgestimmte Teil ließ besonders durch die reifen Solokostungen B. Schönigers, R. Thönes' und G. Hersemeiers, aber auch die feinsinnige Begleitung U. Bohnes und das cellistische Können R. Pfeiffers aufhorchen, wobei wohl immer wieder die Ausdrucksskala und Anschlagskultur der jungen Pianisten bestachen.

Ein lustiger, von den Jüngsten vorgetragener Prolog, zauberte eine humorvoll-unbefangene Grundatmosphäre hervor, G. Auenmüller mit voller und doch zarter Stimme, dazu die mutige (Nach-)Frühlingsstimmung, und so hatte man auch viel Freude an der bunten Mischung des ersten Teiles, dessen Höhepunkt neben einem virtuos vorgetragenen Toch (G. Hersemeier) vor allem Neumann (Y. Greschnik) vor allem in der musikantisch beschwingten Darbietung eines Haydnschen Klavierkonzertes bestand. Ein besonderes Bravo hierbei R. Loose und den sauber und präzise musizierenden Schülerstreichorchester der Marx-Engels-Oberschule.

"Nur" ein Vorspielabend und doch Stück des Lebenswertes einer großartigen musikpädagogischen Persönlichkeit.

Dr. Horst Berner

Die weiteren erstklassigen Kritik zeigte uns, daß unser Spiel auch dieses Mal dem Zuhörerkreis gefallen hatte.

3. Juli

Den Abiturienten der EOS "Bertolt Brecht" wurden ihre Zeugnisse übergeben. Wir entnahmen zwei Fotoreporterinnen in das Dompropstei. Mit diesem Tage schieden Leute aus ihrer S.g. Kammermusik und R. Moracki aus dem Orchester aus.

4. Juli

Das gesamte Ensemble unserer Schule verabschiedete die Schülerinnen und Schüler der 10. Klassen mit einem kleinen Musikprogramm im Moritz-Gorki-Haus. Die Weinreden, welche eine operative Bekannte, erwarteten uns recht gut.

6. Juli

Zum 25. Jubiläum der Gründung der LDPD Kreisen wir traten ein kleines Schönes dar.

3. August – 18. August

Am Sonntag, dem 3. August, begannen auch in diesem Jahr wieder unsere Orchesterferien. Die Hauptstadt unserer Republik war das Ferienziel. Schon lange waren Hotten und aus auf diese

Handschriftliche Chronik 1966–1971

Wochen gefreut, denn oder würde es auch in diesem Jahr einige Überraschungen geben.

Nachdem wir so uns in den Zimmern gemütlich gemacht und von der Fahrt erholt hatten, begann unser erster Bummel durch Berlin. Es gab sehr viel zu sehen und im Restaurant „KOSMOS" machte jeder eine Erfrischung zu sich. Im Foyer spielte ein Unterhaltungsorchester, das viel von uns zum Tanz entlockte. Gegen Abend aßen wir noch in dem altbekannten Restaurant. Schnell fuhren wir mit der S-Bahn zurück und bald röhrte man in den Zimmern keinen Laut mehr.

Am nächsten Morgen begann noch dem Frühstück unsere tägliche Probearbeit. Wir auch in anderen Jahren hatten wir uns vorgenommen, viele neue Stücke u.a. eine Illusiofolge aus „Mein Freund Bunbury", den „Skri-Galopp" und den Marsch „Freie Jugend" von Napoletanides Wolfgang Huth zu erlernen. An besonders heißen Tagen besuchten wir das Strandbad „Grünau" oder rollen fuhren wir, in die wir durch die Stadt bummelten.

Am Freitag besuchten wir das Kino „International" und sahen uns einen spannenden Farbfilm an.

Sonnabend und Sonntag schwammen wir einem Tonobus in dem wir nun schon bekannten „KOSMOS".

Am Dienstag, der 2. Woche unseres Aufenthaltes, machten wir einen Ausflug in den Tierpark Berlin, in den Plänterwald. Es machte uns Spaß mit der Achterbahn oder mit dem Riesenrad, das man wieder von weitem erkennen konnte, zu fahren. Sowie zu nehmen oder Zuckerwatte und andere Süßigkeiten zu naschen. Doch auch der Besuch im Tierpark war interessant und anstrengend, denn das Reich der Tiere ist weiträumig angelegt worden.

Diese Gespräche hinterließen uns alle oder. Nach einem kleinen Imbiß und einem Blick ins Koffern allen ging es nach "Hause", da uns wie erwartet den am Kommenden Tag noch viel erwarten würde.

Jeder war ja gespannt, als wir schon früh morgens ein Bus abholte. Wir fuhren zur Jodenhöhe des Spanienkämpfer, später uns den Denkmal derer um und dann ging es zur Antzgestelle der Luxusdampfer. Wir besuchten diesen Nachmittag auf dem Luxusdampfer "Berthold Brecht", mit dem wir bis nach Wöbbelsdorf fuhren. Wir kauften uns mit einer Spazung ins Moor ab und es ging zurück durch den Hüggel-Spree-Kanal. Das Bus Brecht um 18:00 ein "Haus", wie um ein Spanien-Kämpfer am einem Leben lei Säde. Diese rodene Stunden werden noch lange im Erinnerung bleiben.

Das Sonnabend boten ein schönes Erlebnis für jeden. Wir waren also dabei, daß wir die Uraufführung "450 Jahre Staatskapelle Berlin" im Apollosaal des Deutschen Staatsoper musikalisch erleben durften. Lieber war die Konzertkarten vor Luise erhalten

und konnte nicht anwesend sein. Daß eine Kameradingerin war aber erstaunt über unser Können und überreichte jedem Mitglied des Orchesters ein Bild mit Autogramm.
Wiederummal war es unserem Orchesterleiter Tom Koss und Frau Dahrmann gelungen, uns in den Ferien außer rechter Probenarbeit auch einer gesellig fröhliche Stunden zu bereiten.

Handschriftliche Chronik 1966–1971

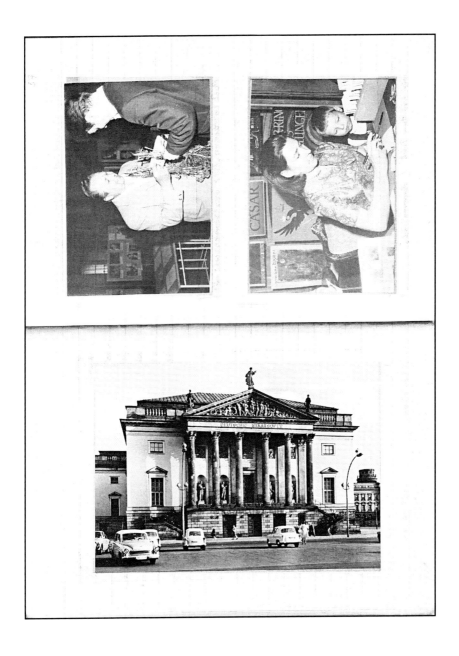

Auch in diesem Jahr hatten wir uns vorgenommen im Herbst ein Konzert zu geben.
Schon lange vorher hatten wir etwas
vorbereitet. Bereits in den Winter- und
Sommerferien, aber auch während den wöchentlichen Proben begannen wir an neuen Stücken.
Beispielsweise des Ouvertüre in D-Dur von
Telemann und das Unterhaltungsmusik aus
dem Musical „Mein Freund Bunbury" zu
üben.
Wir waren alle sehr gespannt, denn es
am Sonntag in der Aula des Mittel-
schulzentrums - Oberstufe trafen, ob
unser 2. Konzert gelingen würde.
Im ersten Teil unseres Programms
spielten wir ernste Werke aus der Klassik und
Vorklassik von Bereta, Dittersdorf und Telemann. Aber auch der Schülerchor des Lehr-
seminars zeigte sein Können.
Nach einer Pause, in der wir alle Mitglieder
des Orchesters mit Bockwurst und Cola
erwirken, ging unser mit Unterhaltungsmusik. Unser Orchester, unterstützt von

Eindrucksvolles Festkonzert

Gute Kollektivleistung des Schulorchesters und des Volkstheaters

HALBERSTADT. Starken Beifall begleitete das 2. öffentliche Konzert des Streichorchesters der Marx-Engels-Oberschule unter Mitwirkung des Schülerkreises von Herta Rennebaum und Musikern des Volkstheaters Halberstadt in der Aula der Käthe-Kollwitz-Schule. Ein Teil der Besucher waren Rentner, die der im Wettbewerb der Nationalen Front zum 21. Jahrestag der Republik als Sieger ausgezeichnete Wohnbezirk „Karl Marx" zum Konzertbesuch eingeladen hatte.

Unter der Leitung von Rolf R. Loose vollbrachte das Streichorchester eine hervorragende Leistung. Sowohl Barockmusik (Benda, Dittersdorf, Telemann, sechssätzige Ouvertüre) als auch Charlie-Ouvertüre, die anspruchsvollen Sätze von Musikdirektor Hans Auenmüller einstudiert, komponiert und humorvoll instrumentiert, sowie zeitgenössische Musicals wurden hier mit Mitwirkung von Bläsern des Volkstheaters geboten.

Eine harte Probenarbeit war vorausgegangen. Ein „Bravo" den jungen Musikern, die solcher Leistungen fähig sind. Sogar eine Uraufführung erfreute die Zuhörer. Parteifreund Wolfgang Huth hatte für dieses Orchester einen zündenden Marsch komponiert.

Diese Kollektivleistung des Schulorchesters und seiner Paten vom Volkskunsttheater kann als in jeder Hinsicht erfreulich bezeichnet werden. Wesentlich bereicherte das vielseitige Programm noch die Kammermusikgruppe des Schülerkreises von Herta Rennebaum. Dynamisch abgestuft und in sicherem Zusammenspiel boten Trioätze von Mozart und Beethoven Antje Schwarz, Elisabeth Scheiner (Klavier), Karin Wohlfahrt, Gabriele Auenmüller (Violine), Bernd Moczko und Rüdiger Pfeiffer (Violoncello), letzterer mit Ulrike Bohne (Klavier) den anspruchsvollen 1. Satz der Cello-Sonate A-Dur.

Die nachhaltige Resonanz beim Publikum unterstrich den vollen Erfolg dieses Konzertnachmittags.

Theatermusikern, erfreute die Zuhörer mit dem Säbel-Galopp, Liedern aus „My fair Lady" und anderem. Die Uraufführung des Marsches „Frohe Jugend" von Wolfgang Huth kam beim Publikum sehr gut an. Aber auch der Radetzky-Marsch begeisterte alle, denn das beim otrium- ?? des Applauses. Damit klang unser Konzert aus, auf das wir alle stolz zurück- blicken können.

Auch in diesem Jahr lassen wir uns am Sißfestabend gemütlich zusammen und freuen uns über das gelungene Konzert.

Gelungenes Festkonzert

Großen Beifall fand das zweite öffentliche Konzert des Streichorchesters der Marx-Engels-Oberschule unter Mitwirkung des Schülerkreises von Herta Rennebaum und Musikern des Volkstheaters in der überfüllten Aula der Käthe-Kollwitz-Schule am vergangenen Sonnabend. Ein Teil der Besucher waren Rentner, die der im Wettbewerb der Nationalen Front als Sieger ausgezeichnete Wohnbezirk „Karl Marx" zum Konzertbesuch eingeladen hatte.

Öffentliches Konzert

Am 28. November 1970 veranstaltete das Streichorchester der Marx-Engels-Oberschule sein zweites öffentliches Konzert. Vor einem musikbegeisterten Publikum bot das Orchester berühmte Werke dar.

Darunter waren Werke von Dittersdorf, Telemann, Benda und Johann Strauß. Das sehr zahlreich erschienene Publikum belohnte den Fleiß der Schüler mit stürmischem Beifall.

In diesem Konzert wirkte auch der Schülerkreis von Herta Rennebaum mit.

Handschriftliche Chronik 1966–1971

1971

Da in diesem Jahr viele Mitglieder des Chores die Schule verlassen und dann eine Lehre beginnen werden, fangen wir gleich im neuen Jahr fleißig zu üben an, denn wir wollen im Februar noch einmal den Mozart geben.

18. Januar

Unseren ersten Auftritt hatten wir in diesem Jahr im Klubhaus Prof. Hans Kره. Wir bekamen Lehrerinnen und Lehrer des HEOS ihre neuen Parteidokumente ausgehändigt. Zum ersten Mal spielten wir "Die kleine Nachtmusik" von Mozart.

30. Januar

Den Genossinnen und Genossen der KJS wurden ihre Parteidokumente überreicht, wozu wir musikalisch gestalteten.

Eine Genossin schrieb:

> Es ist sicher kein Zufall, daß die feierliche Übergabe der neuen Parteidokumente an die Genossinnen und Genossen der Parteiorganisation der KJS am Mittwoch dieser Woche in der Käthe-Kollwitz-Oberschule mit dem Allegro der unvergänglichen „Kleinen Nachtmusik" von Mozart eingeleitet wurde, dargeboten von Schülerinnen und Schülern der Marx-Engels-Oberschule. Hat doch der Großmeister der Wiener Klassik in seinen Werken die höchsten Humanitätsgedanken in edler, klarer Schönheit gestaltet und rief, insbesondere in seiner „Zauberflöte", seine Mitbürger auf, für Gerechtigkeit, Wahrheit, Frieden und Liebe unter den Menschen einzutreten und dabei Kampf und Entbehrungen, ja selbst den Tod nicht zu scheuen. Junge Menschen in diesem Sinne zu erziehen, ist das Anliegen der Genossinnen und Genossen dieser Parteiorganisation. Und sie machen es sich nicht leicht.

24. Januar

Wir treffen uns nicht nur zu Proben und Auftritten sondern auch mal zu einem Sinfoniekonzert.

26. Januar

Am Dienstagabend blieben uns die wöchentlichen Proben eine Entspannungsmöglichkeit.

Handschriftliche Chronik 1966–1971

Liebe Leser!

Jeder von Euch hat irgendwann schon einmal das Streichorchester der Marx-Engels-Oberschule gehört und sich darüber gefreut, wie exakt die Mädel und Jungen musizieren. Am kommenden Sonntag können wir alle um 16 Uhr in der Kühe-Kultschule einem Konzert lauschen, das dieses junge Streichorchester „Mit Paten – für Paten" veranstaltet.

Vormerken

Blähe Paten, das ist die Volkssolidarität unseres Halberstadt, die sie an diesem Tage unterstützen; für Paten, das sind die Angehörigen des RAW und des Rates der Stadt, die mit diesem Orchester einen Patenschaftsvertrag haben. Der Bürgermeister unserer Kreisstadt hat die Möglichkeiten geschaffen, daß alle Bürger unserer Stadt, jeder, der Lust und Liebe dazu hat, dieses Konzert besuchen kann. Der Eintritt ist frei. Von Mozarts „Kleine Nachtmusik", der Kindersinfonie mit der bunten Vogelstimmen bis zu bunten Melodien der Unterhaltung spannt sich der Bogen.

Daß es für uns alle ein schöner Nachmittag wird, hofft mit Euch

Euer Pfäffikus

---

21. Februar

14 Tage unserer Winterferien verbrachten wir bei Proben. Unter dem Motto: „Mit Paten – für Paten" wollten wir wieder ein Konzert veranstalten. Wir dichten ein buntes Programm.

Trotz der schlechten Wetters waren wir sehr erfreut und so kamen, daß unser Illusionen in unserer Stadt einige Anhänger gefunden hat.

Es erklangen Werke von Mozart, Telemann, Händel, Schubert und Dittersdorf. Aber auch im 2. Teil unseres Konzertes erntete wir Beifall mit dem Walzer „Frohe Jugend" von W. Kolb und Strauß „Radetzky Marsch" Aber auch „mein Freund Bambina"

die 3 Lieder von „My fair Lady" und der „SW – Galopp" gefielen dem Publikum.

Ein Kritiker schrieb über diesen Nachmittag:

Ein gelungenes Konzert

Kürzlich veranstaltete das Streichorchester der Marx-Engels-Oberschule ein Konzert, das trotz des ausgesprochen schlechten Wetters rund 500 Bürger unserer Stadt – besonders viele Rentner – besuchten. Das Programm war abwechslungsreich und brachte für jeden Geschmack etwas. Viel Beifall brachte die Kindersinfonie mit ihren Vogelstimmen. Daß das Orchester auch über gute Solisten verfügt, bewies Rüdiger Pfeiffer als Cellist zum Beispiel bei dem letzten Bezirksausscheid der jungen Talente, die Note „sehr gut" erringen, bewies an diesem Tage Gabriele Aulich, eine ebenfalls sehr ausgereifte Könnerin der Violine, und Streichorchester von Schubert, sehr warm in der Tongebung und stilistisch übertragen, zu Gehör brachte. Nachdem der 1. Satz der kleinen Nachtmusik mit viel Beifall vom Publikum aufgenommen wurde, kam es zu ausgesprochenem Konzertfreund der Höhepunkt. Die letzten zwei Sätze der C-Dur-Sinfonie von Dittersdorf wurden musiziert. Beeindruckend, mit welcher Geschlossenheit Berufs- und Laienkünstler den humanitären Gedanken dieses Werkes auf das Publikum übertragen. Viel Beifall gab es für diese ausgezeichnete Leistung.

Nach der Pause zeigte das Orchester, daß es auch in der Lage ist, die sogenannte „leichte Musik" gut darzubieten. Vier Musikmelodien, zwei Märsche, eine Polka und ein Galopp wurden mitreißend interpretiert. Der viele Applaus zwang die jungen Laienkünstler zum Dakapo.

Ein Glückwunsch dem Leiter des Orchesters Rolf-Reinhardt Loose, der seine Schüler zu solchen Leistungen führte. Ein herzliches Dankeschön den Musikern des Volkstheaters, die den Bitterfelder Weg durch ihre Tätigkeit an der Marx-Engels-Schule mit Leben erfüllten und dadurch den Beweis für die Richtigkeit der Kulturpolitik unseres Staates erbringen.

S. B.

26. Februar

Die Lehrlinge aus dem RAW kamen am heutigen Tag ihre Zeugnisse aushändigt und unsere Ordens sorgte für eine musikalische Einleitung anläßlich dieses Jubiläums durch Unsere erste Umrahmung begann im HTW vor den Angehörigen der Bahnpolizei.

8. März

Zum Internationalen Frauentag spielten wir im Klubhaus Prof. Hans-Nütz spielten wir für die Lehrerinnen der Marx-Engels-Oberschule. Zum ersten Mal stellte bei diesem Auftritt unsere Nachwuchs orchester ein Können unter Beweis. Die Zuhörerinnen waren übverrascht und dankten mit Beifall.

8. April

Im Hause Nürnberg umrahmten wir die Jugendweihe für konfessionslose Kinder aus allen Teilen unserer Republik. Wir durften anschließend an der Festtafel teilnehmen und wurden ausgezeichnet beschickt. Am Abend brachten einige Mitglieder des Orchesters wiederum ein Sinfoniekonzert der Theatermusiker.

15. April

In allen Städten und Dörfern wird des 25. Jahrestag der Gründung der SED gefeiert. Auch in unserer Kreisstadt fanden sich Parteigruppen ein Feier abend anläßlich dieses Jubiläums durch Unsere erste Umrahmung begann im HTW vor den Angehörigen der Bahnpolizei.

19. April

Ein festliches Kulturprogramm gestalteten das Blas orchester, die Tanzgruppe, der Chor und das Streich orchester in der Aula der Käthe-Kollwitz-Oberschule. Unter anderem wurden auch Genossen des HEOS ausgezeichnet, die vor 25 Jahren in die Partei der Arbeiterklasse traten.

20. April

Wieder in der Aula der KÖKO spielten wir vor Lehrern und Eltern zum 25. Jahrestag der SED.

21. April

Auch Kollegen der Albert-Schweizer-Schule und der Führeroberschule wurden für ihre langjährige Arbeit in der Partei ausgezeichnet, wozu wir musikalisch gratulierten.

25. April

Auch an diesem Sonntag wurden viele Jugendliche in die Reihe des Werktätigen aufgenommen. Unser Orchester umrahmte die Jugendweihe im Rohrheim und Dedelebra. Anschließend wurden wir zu einem kleinen Imbiß eingeladen.

8. Mai

Heute spielten wir in Osterwieck zur Jugendweihe.

PROGRAMMFOLGE:

Einzug der Jugendlichen
(Weltjugendlied)
1. Satz aus der Sinfonie in G-Dur   A. Nowikow
Rezitation: „In dir gehen viele Schritte"   F. Benda
Chor: „Wir kommen täglich mit vielen Fragen"   J. R. Becher
2. Satz aus der Sinfonie in G-Dur   Namkar / Stranka
Festansprache und Gelöbnis   Cameroher
3. Satz aus der Sinfonie in G-Dur
Überreichung der Urkunden,   Cameroher
Versprechen und Gerdenkbücher
Arbeiter- und Jugendlieder
Rezitation: „Rede"   H. Kahlau
Chor: „Republik, mein Vaterland"   Lakowski / Kolb
Festmusik   K. F. Fischer
Nationalhymne   J. R. Becher / H. Eisler
(Gemeinsamer Gesang)

IV-27-12 2325 Nd 04-1971

9. Mai

Wir fuhren nach Schwanebeck und Dinglebeck und umrahmten dort die Jugendweihe.

11. Juni

Anläßlich des Ehrentages spielten wir in diesem Jahr im Volkstheater. Wiedereinmal wählte sie das gesamte Ensemble des HEOS unter dem Motto: Mit roten Herzen zum VIII. Parteitag entgegen.

12. Juni

Heute gratulieren wir unserem Orchesterleiter mit einem kleinen Melodienstrauß zum Ehrentag. Kurz zuvor war noch übernacht und beladene zum mit Kaffee und Kuchen.

16. Juni

Die Geburtstag eines Orchestermitgliedes feierten wir an diesem Tage ihren 25. Hochzeitstag. Zu diesem Jubiläum brachten wir ein kleines Ständchen. Anschließend wurden wir zu einem kleinen Imbiß eingeladen.

1. Juli

Wiederum hatten wir Schüler die Prüfungszeit überstanden und erhielten nun ihre Abschlußzeugnisse. Im VEB Baureparaturen verabschiedeten wir die Abgänger des FriedrichEngels-Oberschule.

3. Juli

Am heutigen Tage bekamen die Schüler der Karl-Engels-Oberschule im Saalhaus ihre Zeugnisse ausgehändigt. Auch zehn Mitglieder des Orchesters wurden verabschiedet und erhielten als Anerkennung für ihren guten außerschulischen Einsatz im Schulorchester eine Urkunde.

1. - 15. August

In diesem Jahr verbrachten wir unsere Ferien einmal ganz anders. Wir ließen unsere Instrumente zu Haus und fuhren 14 Tage zelten.
Am 1. August war so dann soweit. Gut gelaunt und auf unser Campingleben gespannt, trafen wir uns früh morgens auf dem Bahnhof. Die Reise begann mit einem "schnellen" Personenzug nach

Magdeburg. Dort stiegen wir in einen Schnellzugzug nach Potsdam um. Dieser Zug war einfach Klasse. Wir hatten gepolsterte Abteile 1. Klasse, man konnte es sich wirklich bequem machen. Wieder aussteigen, umsteigen, aber trotzdem erreichten wir zeit schnell und wir kamen in unserem neuen oben bekannten Städtchen waren an. Da wir uns gegen 16:20 Uhr früh, erfrischten wir uns im Volksbad.

Von Gotthum bis zum Zeltplatz nahm uns dann ein LKW mit. Natürlich war es bis nicht so bequem wie im Express, doch wir suchten uns alle eine Stegelegenheit, sei es auf allen Gummireifen alle Braunkohlen, die wir zur Erfrischung mitgenommen hatten. Mit einer großen Staubwolke kamen wir dann auf dem Zeltplatz an, wo wir von unserem Vortrupp begrüßt wurden.

Schnell wurden die letzten Zelte aufgebaut und jeder konnte in seine neue Wohnung einziehen und sich erst mal einrichten. Da die Sohn doch etwas anstrengend war, legten wir uns früh schlafen. Aber wir mussten uns erst daran gewöhnen, jedem Wind Geräuschanzuhören, einem Knispel zu lauschen, dann gleich neben unserer Zeltsiedlung befand sich das Klubkino. Trotzdem übernächtigt und bald tot schlief, bis wir am nächsten Morgen eine Gewitterwoche weckte. Wir ärgerten uns schon mächtig, daß unser ganzes Ferienlag gleich mit Regen beginnt, doch bald lachte die Sonne am Himmel wieder...

Nach einem ausgiebigen Frühstück, appetit hatte ein jeder, pilgerten wir dann zu unserem einzigsten Einkaufszentrum in der Nähe, zum Dorfkonsum. Die Auswahl ließ bis auf ein wenig übrig, und dabei beschloß Herr Loose zum Einkauf nach Ribek zu padelen.

Gegen 11:30 Uhr begannen wir alle unser Mittagessen zu brutzeln. Es war gar nicht so einfach die Kocher in Gang zu setzen. Aber wir hatten ja unseren Fachmann Grosi, bis dem es auch noch länger[?] sei, immer klappte.

Im Nu war das Essen fertig und bis das Zähneputzen für das aufspringen werden konnte, aber noch 2 Stunden Wartezeit auf Rührei und Bratkartoffeln. Was der Appetit dann so groß, daß auf solche kleinen Kosten nicht mehr geachtet wurde.

Am nächsten Tag hatten wir uns schon prima eingelebt, dann das faule Leben gefiel jedem. Mann konnte lang ausschlafen, saß in der Sonne oder im Wasser oder über von allen Dingen nicht immer an die Probleme zu denken war auch einmal schön.

Herr Loose hatte für die nächste Mahlzeit Kartoffelpuffer in Tüten gekauft. Eine Tüte entsprach 14 Kartoffelpuffern stand auf der Packung. Dann begann das Backen. Die trocken Puffer neben kleinen Plätzchen ähnlich und zerfielen immer wieder, doch bis dem letzten Klappok es dann schon besser. So vering dann wieder ein Nachmittag und auch die Hoffnung auf ein kräftiges Mittagessen.

So kam natürlich auch einmal vor, daß ein Steuermann samt Boot am Ufer lehnte, aber auch das gehört zum Camping.

Am Donnerstag fuhren wir dann nach Waren und merkten dort die Kochofrauen, die schon ein Jahr für unser Wohlergehen gesorgt hatten. Sie waren aber erstaunt, daß wir sie nicht erfassen sollten. Nachmittags gingen wir baden oder konnten auf dem Tiefwarensee paddeln und mit dem Wassertaxi die Ungezählten Touristen abtransportel. Zurück von Wann noch Ribek ging es dann mit einem Dampfer.

Handschriftliche Chronik 1966–1971

Die Zeit verging sehr schnell und am Sonnabend wurde schon wieder Bogen gespielt. Zum Frühstück gab es Pfannkuchen und Sandtorten und abends durfte jeder 2 Schmalzwürfeln verputzen. Anschli... sind sogar wir noch gemütlich beim Topfkuchen beisammen und sangen.

Am nächsten Tag brauchten wir nicht um 9:00 Uhr Morgens zu kümmern, denn der Tooso selbst war kochsamt unter Beweis und berich ein schmackhaftes Essen. Natürlich waren alle begeistert, leider zum Abwaschen/drängten sich alle.

In der letzten Woche meinte es die Sonne nicht mehr so gut mit uns, aber dennoch erledigt die Zeit.

Auch in diesem Jahr grolaltdelen wir unsere traditionelle Abschlußfeier wieder ein waand frei. Wir fuhren nach Röbel und dort in einem der feinen Restaurant zu Mittag. Als wir zurückfuhren erwartet uns schon Fam. Dieckmann. Die unser Gepäck zurückschaffte.

Am nächsten Tag mußten wir schon unsere Sachen zusammenpacken. Abends fachten wir noch ein wenig, doch unsere fröhliche Runde wurde einer Haus Herzogin aufgelöst und jeder verschwand in sein Zitte.

Morgens ging es bei strahlendem Sonnenschein heimwärts.
Herr Ernst jedes an die October Zeit zurück, denn in Gotthun war immer etwas anderes los und es war nie langweilig.

27. August

Im Union-Theater umrahmten wir die Feierstunde zu neuen Lehrlinge des RAW.

Anschließend gratulierten wir Herrn Loos zum Geburtstag.

1. September: Dr. Ziehen um und gehören jetzt zur Roth.-Ra.-schule.

22. September

Heute wurden die Thälmannpioniere der Roth-Rollesta-Oberschule in die FDJ aufgenommen; wir unser Orchester musikalisch gratuliert.

23. September

An diesem Abend besuchten wir wieder ein Sinfoniekonzert des Orchesters des Volkstheater. Sehr interessant war es, einem Solisten bei einem Violinkonzert zuzuhören. Besonders gut gefiel uns die Sinfonie Nr. 7 von Ludwig van Beethoven.

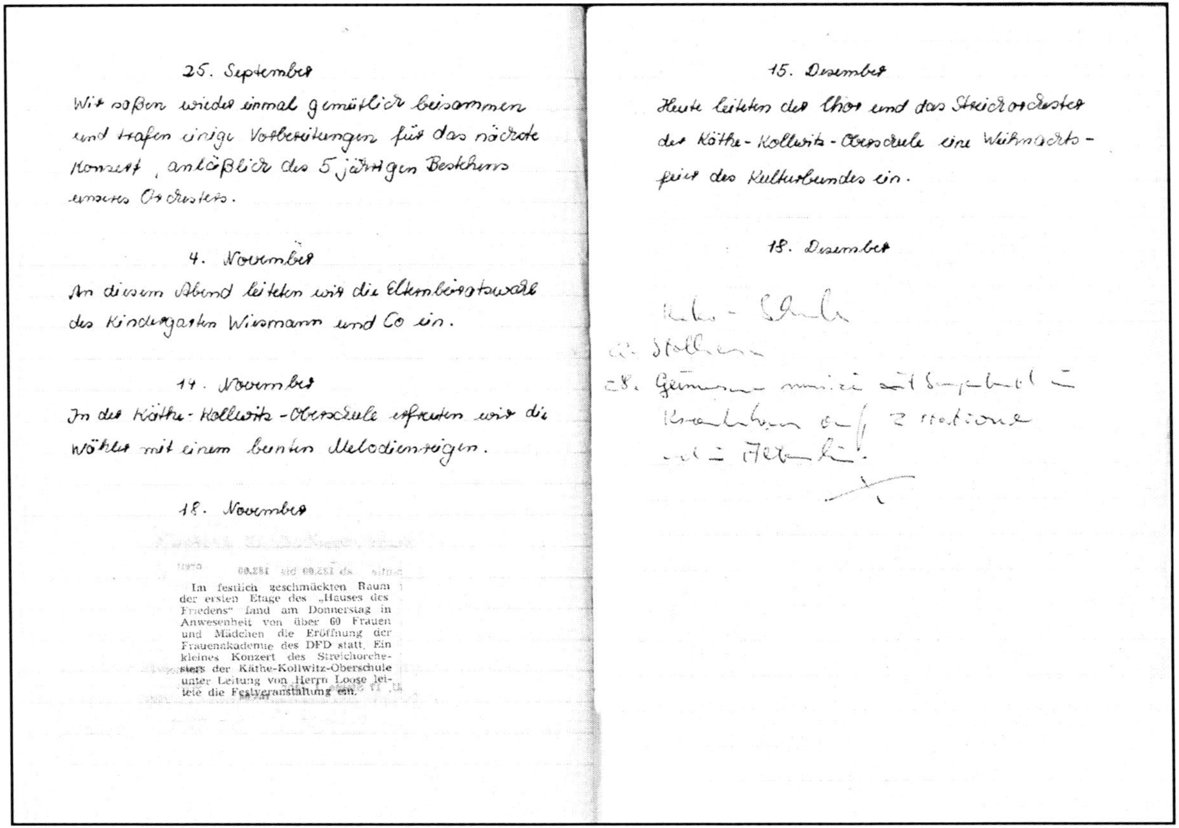

25. September

Wir saßen wieder einmal gemütlich beisammen und trafen einige Vorbereitungen für das nächste Konzert, anläßlich des 5 jährigen Bestehens unseres Orchesters.

4. November

An diesem Abend leiteten wir die Elternbeiratswahl des Kindergarten Wiesmann und Co ein.

14. November

In der Käthe-Kollwitz-Oberschule erfreuten wir die Wähler mit einem bunten Melodienreigen.

18. November

In festlich geschmückten Raum der ersten Etage des „Hauses des Friedens" fand am Donnerstag in Anwesenheit von über 60 Frauen und Mädchen die Eröffnung der Frauenakademie des DFD statt. Ein kleines Konzert des Streichorchesters der Käthe-Kollwitz-Oberschule unter Leitung von Herrn Loose leitete die Festveranstaltung ein.

15. Dezember

Heute leiteten der Chor und das Streichorchester der Käthe-Kollwitz-Oberschule eine Weihnachtsfeier des Kulturbundes ein.

18. Dezember

[illegible]

Handschriftliche Chronik 1966–1971

1. Geige	2. Geige	Bratsche	Cello
X Gabriele Auenmüller?	Ines Bendix	X Thomas Audrusch	X Stefan Audrusch
Klaus Beyer	X Marianne Darmann	Heidemarie Baumeyer	Michael Auenmüller
Kornelia Bausch	Britta Dimauski	Gesine Fischer	Petra Deneche
Heide Dannenberg	Carola Dick	M. P. Goslar	Wolfgang Darmann!
Evelin Daubitz	Monika Gabriel	Jens Kaschner X	Gesine Fischer
Birgit Fechner	Holger Hofmann	Peter Liehr	Goscar
Sigrit Fiedler	Owid Hofmann	Petra Mikowski	Siegmar V. Hofmann
Monika Fechner	Daysi Hilpe?	Bernd Nölle 60847	Kay Laufenbach
Borchhardt Goedke	Valentina Kopfer	Ralf Beute	Jens Loose
Heike Hartenstein	Andrea Kretzschmar	Katronti	Bernd Motzko
Peter Hartenstein	Patricia	-K-	Dietrich Mundt X
Ines Hermanns	Kerstin Janyes Mendes		X Rüdiger Pfeiffer
Frank Hoffmann	(Haar)		Frei Veiska Sivars X
Henning Jäger	Jörg Liehr		Sybille Skadmann
Martina Jensen	Susanne Pfeifer		Gunhild Wegner
Ines Junghans	Katrin Pfeifer		Stefan Kolbe
Anett Schmis [Jamje]	Katrin Roßleck X		Bernd Moczko
X Ronita Lange?	Gabi Suppas		
Heike Lurie?	Sabine Sepp		
Erni? Matura	Uta		
Wilfried Pruschke	Gabi Nagel		
X Roman Sokular	Anche Wilke		
Autje Spiebart	Lydia Luelo		
Jork? Sischikar			
X Gudrun Schulte			
Doris Schulze		Flöte	Baß
X Katrin Schulte			
Gilda Steinmeyer X		X Peter Audrusch	Clemens Goelke
X Roland			Martin Oelkers
X Holger Thiele		Fagott	Frank Rackey
Tillmann Gabler		Koslowski	Eberhard Diestl
X Anche Wrechmann		Andreas Bügel	
		Alfred Kadrad	
X Reinhard MOCZKO		Klavier	
		Anke Laufenbach	
		X Hans-Günter Strauch	

Hans Auenmüller • Sinfonie für Streicher in D
ediert und hg. von Rüdiger Pfeiffer • k.o.m. Musikverlag Berlin 2013

Wolfgang Huth • Suite für Streichorchester
Einzelstimmen: Violine IV und Violoncello
in der Notenschrift von Rolf-Reinhart Loose

Wolfgang Huth • Suite für Streichorchester

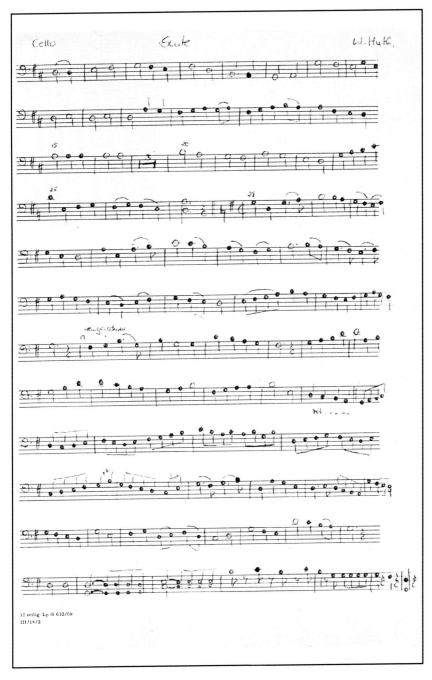

Foto- und Archivnachweis

Ein herzlicher Dank allen Beteiligten, die das Buch-Projekt tatkräftig unterstützt und ihre Archive geöffnet haben, so dass zumeist sehr altes Bild- und Dokumentationsmaterial einbezogen werden konnte.

Ein besonderer Dank gilt hierbei:

Stefan Andrusch
Thomas Andrusch
Petra Filusch
Klaus-Peter Goslar
Patricia Hehn
Ines Herrmanns
Erich Knaust
Wolfgang Koch, Druckverlagsanstalt Halberstadt
Monika Lehmann
Marianne Lemke
Ralf Loose
Photo-Studio Mahlke, Halberstadt
Bernd und Sabine Moczko
Dietrich Mund
Rüdiger Pfeiffer
Sabine Porzelt
Gesine Pump
Gilda Steinmetzer-Nutzhorn
Städtisches Museum Halberstadt
Simone Bliemeister
Dokumenation Zeitung Der Neue Weg
Dokumentation Zeitung Volksstimme Halberstadt

Redaktionskollegium
Stefan Andrusch • Gesine Pump • Rüdiger Pfeiffer • Bärbel Pfeiffer

---

Initiativgruppe des Projekts Dokumentation
»30 Jahre Jugend-Streichorchester Halberstadt«

Stefan Andrusch
Petra Filusch
Patricia Hehn
Ines Herrmanns
Marianne Lemke
Rüdiger Pfeiffer
Gesine Pump

Publikationen zur Halberstädter Musikgeschichte
(Auswahl)

Hans Auenmüller, *Ausgewählte Lieder* (Erstausgabe). Eingerichtet und hrsg. von Rüdiger Pfeiffer. Mitteldeutsche Edition Neue Musik (= Denkmäler der Musik in Mitteldeutschland), Serie I: Vokalmusik, Verlag Die Blaue Eule, Essen 1997.

Hans Auenmüller, *Ausgewählte Lieder* (zugunsten Brot für die Welt). CD-Edition Hans-Auenmüller, Ser. 1: Lieder (= Klingende Musikgeschichte Halberstadt, Vol 1), hrsg. von Rüdiger Pfeiffer, Silke Nuss und Guido Bimberg im Auftrag der Internationalen Andreas-Werckmeister-Gesellschaft und des Hans-Auenmüller-Kuratoriums, Halberstadt 1999.

Hans Auenmüller, *Konzert für Viola und Großes Orchester*. Werk-Edition, nach dem Autograph eingerichtet, mit einem Vorwort versehen und hrsg. im Auftrag der Internationalen Andreas-Werckmeister-Gesellschaft – Hans-Auenmüller-Kuratorium von Rüdiger Pfeiffer (= Mitteldeutsche Musik-Edition), Typoskript, Halberstadt 2001.

Hans Auenmüller, *Sinfonie für Streicher in D*, Werk-Edition, hrsg. und mit einem Vorwort von Rüdiger Pfeiffer. k.o.m. Musikverlag: Berlin 2013.

Der Greifer – Erinnerungen an Musikdirektor Hans Auenmüller (1926-1991) von Kollegen und Freunden aus vier Jahrzehnten am Theater Halberstadt, hrsg. von Rüdiger Pfeiffer, Silke Nuss und Sybille Northmann im Auftrag des Hans-Auenmüller-Kuratoriums, Halberstadt 2001.

Werner Hartmann, *Theater in Halberstadt. Buch des Erinnerns*. 3 Bde., Halberstadt 1995–1996.

Rüdiger Pfeiffer (Hrsg.), *Facetten des Schulgesetzes der Halberstädter Domschule aus dem Jahre 1763. Ein Beitrag zur Geschichte der Reformpädagogik*. Faksimile und Transliteration. Übertragen, mit einem Kommentar versehen und hrsg. von Rüdiger Pfeiffer (= Michaelsteiner Forschungs-Beiträge, Bd. 16), Michaelstein 1995.

Rüdiger Pfeiffer, *Andreas Werckmeister. Organist, Musiktheoretiker, Orgelbauer und Komponist aus Benneckenstein im Harz,* in: Festschrift zur Internationalen Andreas-Werckmeister-Ehrung anläßlich seines 350. Geburtstages. Hrsg. von der Stadt Benneckenstein, Benneckenstein 1995.

Rüdiger Pfeiffer, *Halberstadt und die Musik des Mittelalters,* in: Adolf Siebrecht (Hrsg.), Geschichte und Kultur des Bistums Halberstadt 804–1648. Symposium zu 1200 Jahre Bistumsgründung, Halberstadt 2006, S. 389–399.

Rüdiger Pfeiffer, *Andreas Werckmeister – »Eisbrecher der gleichen Temperatur«,* in: Andreas Werckmeister, Musicalische Temperatur, 1691, Reprint des Exemplars der Bibliothek des Gleimhauses Halberstadt (= Denkmäler der Musik in Mitteldeutschland, Reihe II – Documenta theoretica musicae, Bd. 1), Verlag Die Blaue Eule: Essen 1996, S. 1-20.

Rüdiger Pfeiffer, *Halberstädter Musikleben von der Jahrhundertwende bis zum Ende des 2. Weltkrieges,* in: Konferenzbericht der 4. Heimatgeschichtlichen Konferenz »Der Harz und das Harzvorland in Geschichte und Kultur« am 9. Oktober 1993 in Halberstadt (= Nordharzer Jahrbuch 1995, Bd. 18/19), Veröffentlichungen des Städtischen Museums Halberstadt in Verbindung mit dem Geschichtsverein für Halberstadt und das nördliche Harzvorland und dem Förderverein für das Städtische Museum, Halberstadt 1995, S. 185-196.

Rüdiger Pfeiffer, *Es singt und klingt von Halberstadt in die Welt,* in: Halberstadt – Ein Lesebuch von Menschen, Kirchen, Kunst und Kultur anlässlich der 1200-Jahr-Feier der Bistumsgründung durch Karl den Großen, hrsg. im Auftrag der Stadt Halberstadt von Jürgen Westphal und Ute Pott, CONVENT-Verlag Quedlinburg 2004. S. 16–22.

Rüdiger Pfeiffer (Hrsg.), *Geräuschvolle Stille – Geordneter Klang.* Ästhetische und historische Überlegungen im Geiste der Kunstphilosophie von John Cage (= Potsdamer Forschungen zur Musik und Kulturgeschichte, hrsg. von Rüdiger Pfeiffer, Bd. 2). Konferenzbericht der Interdisziplinären Symposiums »Geräuschvolle Stille – Geordneter Klang« am 4. und 5. Juli 2010 im Gleimhaus Halberstadt. Frank & Timme: Berlin 2014.

Andreas Werckmeister, *Musicalische Temperatur (1691),* Faksimile-Nachdruck des Exemplars der Bibliothek des Gleimhauses Halberstadt. Mit einem Vorwort von Rüdiger Pfeiffer, hrsg. von Rüdiger Pfeiffer und Guido Bimberg im Auftrag der Internationalen Andreas-Werckmeister-Gesellschaft (= Denkmäler der Musik in Mitteldeutschland, Reihe II – Documenta theoretica musicae, Bd. 1), Verlag Die Blaue Eule, Essen 1996.